Das politische System der Bundesrepublik Deutschland

Nationale Politik im Zeichen der Europäisierung

Lehrerband

Bearbeitet von
Erik Müller
Martina Tschirner
Friedrich Wölfl

C.C. Buchners Verlag · Bamberg

Kolleg Politik und Wirtschaft

Das politische System der Bundesrepublik Deutschland
Nationale Politik im Zeichen der Europäisierung

Lehrerband

Bearbeitet von: Erik Müller
Martina Tschirner
Friedrich Wölfl

unter Mitarbeit der Verlagsredaktion

Redaktion: Markus Willers

1. Auflage [3 2 1] 2014 2012 2010
Die letzte Zahl bedeutet das Jahr des Druckes.
Alle Drucke dieser Auflage sind, weil untereinander unverändert, nebeneinander benutzbar.
Dieses Werk folgt der reformierten Rechtschreibung und Zeichensetzung.

www.ccbuchner.de

Grafische Gestaltung und Herstellung: Wildner+Designer GmbH, Fürth · www.wildner-designer.de
Druck- und Bindearbeiten: creo Druck & Medienservice GmbH, Bamberg
Umschlagfoto: Reichstag in Berlin bei Sonnenuntergang

ISBN 978 3 7661 **6853** 5

Was bietet Ihnen der Lehrerband?
... die Umsetzung der modernen Fachdidaktik!

Politische und ökonomische Bildung im Sinne der Allgemeinbildung ist von dem Hauptziel geleitet, dazu beizutragen, die Schülerinnen und Schüler zu verantwortungsbewussten Bürgerinnen und Bürgern in der Demokratie zu erziehen. Die Konzeption der Reihe „Kolleg Politik und Wirtschaft" zielt deshalb darauf ab, Wissen, Handlungskompetenz und Urteilsfähigkeit der Schülerinnen und Schüler systematisch und im Zusammenhang zu entwickeln. Viele Themen im Schülerband orientieren sich deshalb an ganzheitlich zu betrachtenden Problembereichen. Die unterschiedlichen Rubriken des Schülerbandes eignen sich in besonderer Weise zur Ausbildung der einzelnen Kompetenzen.

Sachkompetenz	**Methoden- und Handlungskompetenz**	**Urteilskompetenz**
Materialienteil, Infoboxen, „Wissen kompakt"-Seiten, wissens- und analyseorientierte Aufgaben (Nennen, Erklären, Erläutern, Darstellen etc.)	Tipps & Links, Methodenseiten, methoden- und handlungsorientierte Aufgaben (Recherchieren, Präsentieren, Simulieren, Befragen, Grafiken entwicklen etc.)	Kontroverse Materialien, urteilsbezogene Aufgaben (Beurteilen, Diskutieren, Entscheiden, Bewerten etc.)

... eine übersichtliche Arbeitshilfe zum Schülerband!

Die deutlich hervorgehobenen Seitenzahlen in der Randspalte verweisen auf die Seiten des Schülerbandes. So funktioniert das parallele Arbeiten mit Schüler- und Lehrerband problemlos. Seite 79

Jedes Kapitel und Unterkapitel des Schülerbandes wird aus didaktischer Perspektive kommentiert. Der Kommentar gibt Hinweise zum Aufbau des Kapitels und zu den einzelnen Materialien sowie zu den vermittelten Kompetenzen.

Für sämtliche Aufgaben des Schülerbandes werden Lösungen formuliert. Zur Erleichterung der Unterrichtsvorbereitung wurden die Lösungen grafisch meist so aufbereitet, dass sie direkt als Tafelbild im Unterricht oder zur Ergebnissicherung im Heft eingesetzt werden können.

Sofern es sich anbietet und didaktisch sinnvoll erscheint, bieten wir ergänzende Zusatzmaterialien zur Vertiefung einzelner Aspekte des Schülerbandes an. Dies können zusätzliche Aufgaben, interessante Quellenmaterialien oder Übersichten und Grafiken sein.

Das Verfasserteam wünscht Ihnen einen erfolgreichen Unterricht mit dem „Kolleg Politik und Wirtschaft".

INHALT

1. Demokratie lebt vom Mitmachen

Seite 5

!

Das Anfangskapitel 1.1 legt die Fundamente für jede Beschäftigung mit Politik in demokratischen Staaten. Dies betrifft nicht nur die verfassungsrechtlichen Grundlagen. Die Materialien wollen vor allem die Notwendigkeit einer Beteiligung der Bürger hervorheben, ohne die eine demokratische Ordnung nicht gedacht werden kann.
Im Anschluss werden die verschiedenen Formen von Willensbildungs- und Entscheidungsprozessen gezeigt. Dabei legen die Materialien besonderen Wert auf praktische Beispiele. Anspruchsvollere theoretische Texte führen die Beispiele in Kapitel 1.2 zurück auf grundlegende Vorstellungen über die demokratische Ordnung und geben Einblicke in die Ideengeschichte und in die politische Theorie, auf die sich die zeitgenössischen Demokratien beziehen.

Folgende Kompetenzen sollen in Kapitel 1 vermittelt werden:

Sachkompetenzen	■ Bedeutung politischen Engagements für die Demokratie erkennen ■ Möglichkeiten der politischen Partizipation erläutern ■ um die Gemeinsamkeiten und Unterschiede verschiedener Demokratiemodelle wissen ■ Elemente der repräsentativen und der direkten Demokratie beschreiben
Methodenkompetenzen	■ Beteiligungsmöglichkeiten auf die verfassungsrechtlichen Grundlagen zurückführen ■ Beispiele aus der Praxis auf abstrakte bzw. theoretische Grundlagen beziehen ■ aus der Position sich engagierender Bürger argumentieren lernen ■ sich mit theoretischen Texten auseinandersetzen
Urteilskompetenzen	■ Wert des Engagements für die Demokratie einschätzen lernen ■ Varianten der demokratischen Willens- und Entscheidungsfindung unter verschiedenen Aspekten bewerten ■ Bedeutung der grundgesetzlich verankerten, werteorientierten Beteiligungsrechte diskutieren ■ Vor- und Nachteile der verschiedenen demokratischen Systeme gegeneinander abwägen ■ Validität verschiedener demokratischer Systeme beurteilen

Seite 7

1.1 Möglichkeiten politischer Beteiligung

Die Formen der politischen Beteiligungen in Deutschland sind vielfältig. Dies gilt umso mehr, wenn neben den traditionellen auch die modernen, internetbasierten Formen politischer Beteiligungen in den Fokus treten. Dieses Unterkapitel thematisiert in M 1 – M 3 die Bedeutsamkeit politischen Mitwirkens in demokratischen Systemen. Ferner werden in M 4 – M 7 Rechte, Formen und Beispiele politischer Beteiligungsformen erläutert, um nach einem zusammenfassenden Überblick aller herausgearbeiteten Dimensionen (M 8) kontrovers über direkte Demokratien (M 9) zu diskutieren. Schließlich wird in M 10 gefragt, ob eine alte klassische Form der Repräsentation heute noch aktuell sein könnte.

Seite 8

Lösungsvorschlag zu den Aufgaben

1. Mitwirkungs- und Einflussmöglichkeiten zur Verbesserung der Kinderbetreuung:
- Daten recherchieren: Bedarf; Qualität der Betreuungsplätze; bisherige Möglichkeiten; Prognosen
- Kontakte mit Personen gleicher Interessen mobilisieren; Umfragen, Unterschriftensammlung und Informationsstände organisieren
- Gespräche mit Bürgermeister, Fraktionsvorsitzenden, Stadträten, Parteivorsitzenden am Ort
- Öffentlichkeit herstellen: mit Pressekonferenz Presse und lokale Sender auf das Thema aufmerksam machen, Leserbriefe oder „offene Briefe" schreiben, Flyer entwerfen und verteilen, eigene Homepage mit Forum einrichten und pflegen, Pressemitteilungen
- Personen von lokaler Wichtigkeit für die eigene Sache gewinnen
- Abgeordnete im Land- bzw. Bundestag schriftlich / mündlich um Unterstützung bitten
- ggf. in eine Partei eintreten und das Thema dort forcieren, Vertreter als Kandidaten bei Kommunalwahlen aufstellen
- Aktionen und Events (z.B. „familienfreundliche Stadt") initiieren und inszenieren
- Mitarbeit (ggf. Experten) bei der Planung anbieten

Gesichtspunkte für eine Optimierung des Wirkungsgrads:
- Bemühen um möglichst breite gesellschaftliche und politische Basis
- juristisch korrektes Vorgehen
- Entwickeln und Sichern einer positiven Außenwirkung des Themas (Kinder, Vereinbarkeit von Beruf und Familie, familienfreundliche Stadt, usw.)
- geschicktes Timing (Zeit vor Kommunalwahlen oder anderen Wahlen)

2. Erklärungsmodell für hohe Akzeptanz:
- Akzeptanz in umgekehrter Relation zum Verbindlichkeitsgrad, mithin: hohe Akzeptanz bei geringem Verbindlichkeitsgrad einer Aktion, da
  - keine finanziellen, ideellen, zeitlichen Verpflichtungen
  - u.U. sozialer Druck zur Teilnahme durch Mainstream
  - positives Gefühl, sich „politisch" zu betätigen;
- andererseits: sinkende Teilnahmebereitschaft bei höherem Verbindlichkeitsgrad, z.B. bei Engagements in Initiativen oder Parteien

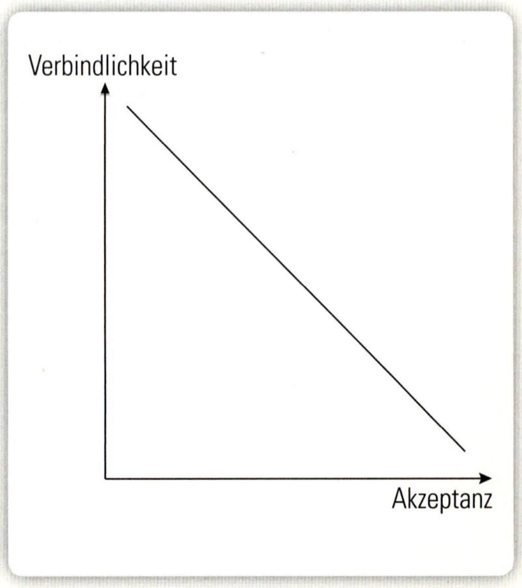

3. Faktoren, die die Bereitschaft zur Partizipation beeinflussen:
- starkes Eigeninteresse
- gut formulierbares und begrenztes Interesse
- überschaubare Anforderungen bei Engagement
- Wissen um die Möglichkeiten politischen Engagements
- kommunikative und rhetorische Fähigkeiten
- Wahrscheinlichkeit für Erfolgschancen
- Möglichkeit zur Nutzung bestehender Netzwerke
- „Leitfiguren" mit hohem Ansehen
- tendenziell: Abhängigkeit der Bereitschaft vom Bildungsabschluss

Bedeutung der politischen Bildung in der Schule
Weit verbreitet ist der Begriff der Politikverdrossenheit in aller Munde. Bundestagswahlen, Landtagswahlen und vor allem die Wahlen zum Europäischen Parlament interessieren immer weniger Wählerinnen und Wähler. Parteien klagen über Nachwuchssorgen. Selbst „direktdemokratische Elemente" wie Volksentscheide schaffen es nicht, politische Partizipation – hier durch den Akt des Wählens – zu fördern: Die Wahlbeteiligung beim Volksentscheid in Bayern (Juli 2010) lag bei mageren 37,7 Prozent. Insgesamt scheint das Fundament der Demokratie – die Partizipation – zu bröckeln. Die Schule im Allgemeinen und der Politikunterricht im Besonderen sind Orte, wo die Schülerinnen und Schüler lernen können, dass es im Sinne aller lohnenswert ist, sich einzumischen. Welche Formen der Beteiligung gibt es, welche Rechte bzw. welche Pflichten müssen berücksichtigt werden und wie kann Politik Spaß machen und gleichzeitig ergebnisorientiert sein? Kurz: Politische Bildung in der Schule kann ein Schlüssel sein, Politikverdrossenheit vorzubeugen.

Hinweis: Der Zusatztext zu M 1 – M 3 auf Seite 8 könnte in diesem Zusammenhang ergänzend behandelt werden.

4. These: Deutsche Wiedervereinigung hat das Spektrum unterschiedlicher Ansichten und Interessen erweitert:

Bestätigung der These:
- Erweiterung der unterschiedlichen Ansichten und Interessen vor allem erkennbar im politischen Spektrum, so z.B. durch: Die Linke (ggf. zur Vertiefung die Entstehung/ Entwicklung: entwickelt aus der SED seit 1946; ab 1989: SED-PDS; ab 1990: PDS; ab 2005 Die Linkspartei. PDS; 2007: Fusion mit WASG; seit 2007: Die Linke.) mit deutlichen Positionen links von der SPD zum Verhältnis zwischen Staat und Individuum bzw. zwischen Staat und Wirtschaft
- Stärkere Verbreitung rechtsextremistischer Positionen im Osten Deutschlands mit z.T. größerer Zustimmung bei Themen wie Chauvinismus, Ausländerfeindlichkeit, Akzeptanz einer Diktatur, Antisemitismus, Verharmlosung des Nationalsozialismus, Sozialdarwinismus

Seite 18

+

Zusatzmaterial zu M 1 – M 3: „Kinder an die Macht“

Manchmal, in den wenigen Momenten Ruhe zwischendurch, fragt sich Daniel Zimmermann, was eigentlich alle von ihm wollen. Radiojournalisten klingeln ihn aus dem Schlaf, Kamerateams belagern ihn, bei der Polittalkshow „Hart aber fair“ soll er schlaue Dinge über Politikverdrossenheit sagen. Aus ganz Deutschland erreichen ihn Glückwunsch-Emails. Viele junge Leute schreiben und ein paar Ältere, sie wollen wissen: Wie habt ihr das hinbekommen? Dabei hat er doch nur dasselbe gemacht wie in den vergangenen zehn Jahren: Kommunalpolitik. Und vor einer Woche wurde er eben zum Bürgermeister gewählt. Aber Zimmermann weiß natürlich, dass es etwas Besonderes ist. Er ist 27, seine Partei heißt „Peto – Die junge Alternative“, eine Jugendpartei. Er gewann 30,4 Prozent. Bei der separaten Stadtratswahl lag Peto nur 107 Stimmen hinter der CDU und stellt nun wie diese zwölf Mitglieder im Rat der Stadt Monheim am Rhein. Durchschnittsalter: 21 – zwei Schülerinnen sind gerade 18 Jahre alt.
In Monheim, 43.000 Einwohner, gelegen zwischen Köln und Düsseldorf, passiert etwas, das sonst vermisst wird: Jugendliche interessieren sich für Politik. Mehr noch: Sie machen Politik, übernehmen Verantwortung - auch Ältere wählen sie. Warum nur klappt das dort? (...)
Als Daniel Zimmermann und vier Mitstreiter an einem Dezemberabend 1998 zusammensaßen, hatten sie keine große Vision. Ihnen war einfach ein wenig langweilig in ihrer Stadt, in der das Aufregendste ist, dass die Kneipen sowohl Kölsch als auch Altbier ausschenken. Sie wollten was eigenes machen. Nur was? Eine Band gründen? Eine Theatergruppe? „Es hätte alles sein können“, sagt Zimmermann. Und weil gerade das Kommunalwahlalter in Nordrhein-Westfalen auf 16 herabgesetzt wurde, gründete sie eben eine Partei: Peto, für lateinisch „Ich fordere“. Was sie fordern sollten, wussten sie da nicht so richtig. Zur Kommunalwahl 1999 hatten sie ein paar Themen gefunden: Ein Nachtbus sollte her und ein Schülercafé. Für eine Mark kauften sie von der CDU 20 ausgediente Plakatständer und stellten ihre Forderungen damit in der Stadt auf. Am Wahlabend dann die Überraschung: 6,1 Prozent und damit der Einzug in den Stadtrat. 2004 wurden aus den zwei Ratssitzen sieben und die Peto-Fraktion tauschte ihre umgewandelte Besenkammer gegen das Büro der FDP. Keiner sprach mehr von einer Eintagsfliege. Aus einem Lächeln über die „Schülerpartei“ wurde immer mehr Respekt. Oder gar tiefe Bewunderung.
Der scheidende Bürgermeister Thomas Dünchheim braucht in seinem Büro nur ein paar Sekunden Anlauf, bis er eine Lobeshymne ansetzt. „Peto ist eine Bereicherung für die politische Landschaft. Das sind tolle Leute mit Sachverstand und Intelligenz“, schwärmt er. „Die arbeiten sachbezogen und im Team.“ Und Zimmermann? Der sei sehr mutig, besonnen, „ein politisches Riesentalent“. Der 40-jährige Jurist Dünchheim klingt wie seines Nachfolgers größter Fan – obwohl sein eigener CDU-Schützling bei der Wahl den Kürzeren ziehen musste. Dünchheim ist CDU-Mitglied, wurde vor fünf Jahren aber als unabhängiger Bewerber für eine zweite Amtszeit gewählt. Bis zur Amtseinführung Ende Oktober will er dem Neuen zeigen, wie das so funktioniert mit der Macht im Rathaus.
Nicht alle sind dem neuen Bürgermeister so wohlgesonnen. Die SPD-Kandidatin Ursula Schlößer, die mit 19 Prozent unterging, ist skeptisch: „Ihm fehlt die Erfahrung mit einer Verwaltung.“ Aber die, die Zimmermann länger kennen, seine Freunde aus der Partei etwa, haben keinen Zweifel, dass er es packen wird. Weil er integriere und nicht die Konfrontation suche. Zimmermann benutzt gern den Begriff „Verantwortung“, will aber nicht zu angepasst wirken. „Auf unsere Art sind wir schon sehr revolutionär“, beteuert er. Aber Peto ist eben nicht radikal, sie wollen nicht die Welt

verändern. Sondern nur so profane Dinge erreichen wie den Erhalt der Sportplätze in Monheim. „Wir haben deshalb Erfolg, weil wir unpolitisch sind", sagt Zimmermann. Er ist der einzige von den Parteigründern, der miterlebt, wie die spontane Idee jetzt zum städtischen Chefsessel führte. Wie aus der Fünferrunde eine große Partei geworden ist. Knapp 300 Mitglieder sind es nun, allein 40 traten in der vergangenen Woche bei. Die Orts-CDU haben sie damit überholt, die SPD hat ein paar Genossen mehr. Noch. Denn mit dem Otto-Hahn-Gymnasium hat Peto einen riesigen Nachwuchspool. Ein großer Klotz, 1350 Schüler, 150 Abiturienten jedes Jahr: Ein Segen für die Partei. Am Anfang waren es oft Geschwister und deren Freunde, die zu Peto dazustießen. Bei einer Podiumsdiskussion vor der Wahl wurde Daniel Zimmermann in der Aula von 500 Schülern gefeiert. Schulleiter Hagen Bastian, 55, hat den Aufstieg von Peto von Anfang an miterlebt. Jetzt legt er kurz den Zeigefinger ans Kinn und nennt als wichtigsten Erfolgsfaktor: Glaubwürdigkeit. „Das sind keine Parteibonzen, die sind mit dem Herzen dabei." In seiner Stimme schwingt der strenge Stolz eines Lehrers mit. Die Hemmschwelle mitzumachen sei bei Peto sehr niedrig: „Da kommt einer hin und wird sofort ernst genommen", sagt der Schulleiter. Jedes Mitglied kann auch an der Fraktionssitzung teilnehmen. 19 junge Leute sitzen Montagabend im Saal, die letzte Ratssitzung steht an, es gibt vorher Einiges zu besprechen. (...)
Die Peto-Ratsleute haben längst bewiesen, dass sie gut mithalten können. Sie bereiten sich akribisch auf die Sitzungen vor. Sie lesen jede Vorlage und sagen auch, wenn etwas unverständlich formuliert ist. Sie sind, wenn man so will, Politstreber. Aber zoffen sie sich wenigstens mal? Oder sägen an den Chefs von Partei und Fraktion? Schulterzucken. Natürlich, es werde mal laut. Aber nur Argumente zählen, keine persönliche Eitelkeiten (...). Was die Jugendlichen zur Genüge an den Tag legen, ist konzentrierter Pragmatismus. Sie machen Politik, weil ihnen Peto die Möglichkeit bietet. Sonst würden sie vielleicht gemeinsam musizieren. Oder Theater spielen. Aber Wahlkampf ist für sie ein Gemeinschaftserlebnis, das seinesgleichen sucht. Und mit der Politik erreichen sie sogar noch etwas. Auch wenn es manchmal mühsam ist. „Es ist ein Hobby mit Sinn", sagt Jana Lang, 21, die seit fünf Jahren dabei ist und jetzt knapp in den Rat gewählt wurde. Viele Politiker hält sie für Selbstdarsteller, die großen Parteien für verlogen. Da würde sie nie mitmachen, sagt sie energisch. „Wir sind nicht links oder rechts oder grün. Und das ist gut so." Es gibt die unterschiedlichsten Überzeugungen in der Partei, aber die spielen nur selten eine Rolle. Politik ohne Ideologie, das funktioniert nur in der Kommune, meint Daniel Zimmermann. Deshalb glaubt er auch nicht, dass Peto irgendwann auf Landes- oder gar Bundesebene antritt. „Dann müssten wir uns auf ein Programm einigen und würden einzelne Leute ausgrenzen." So wie er schaut, ist es das Letzte, was er sich vorstellen mag.

Sebastian Erb, Kinder an die Macht, in: www.taz.de vom 10.09.2009.

Aufgaben:

1. Schildern Sie knapp den Weg von der Gründung der „Peto"-Partei bis zum Eintritt ins Bürgermeisteramt.
2. Nehmen Sie zu folgender Aussage des jungen Bürgermeisters Stellung: „Wir haben Erfolg, weil wir unpolitisch sind."
3. Recherchieren Sie in Ihrem Kurs / in Ihrem Umfeld, wer sich wie und warum politisch bzw. gesellschaftlich engagiert.
4. Diskutieren Sie, ob die „Peto-Partei" nicht doch auf Landes- oder gar Bundesebene antreten und Erfolg haben könnte.

Seite 13

Lösungsvorschlag zu den Aufgaben

1. Vergleich der Modelle der Entscheidungsfindung unter dem Gesichtspunkt der Einflussnahme

Direkte Demokratie	Repräsentative Demokratie
Vorteile: ■ Möglichkeit, selbst Entscheidungen treffen zu können ■ Steigerung des politischen Interesses allgemein ■ höhere Loyalität der Bürger zum Staat ■ Verringerung der Politikverdrossenheit **Nachteile:** ■ hohes Maß an Informationsbereitschaft erforderlich ■ Bereitschaft, sich regelmäßig an Abstimmungen zu beteiligen ■ Frage der Verantwortung für Entscheidungen	**Vorteile:** ■ Übertragung der Verantwortung auf „Repräsentanten" ■ vermutete höhere Sachkenntnis bei Entscheidungen ■ klar geregelte Verantwortlichkeit für Entscheidungen ■ Beschränkung politischer Tätigkeit auf Teilnahme bei der Wahl **Nachteile:** ■ geringe Partizipationsmöglichkeit, in der Regel nur bei Wahlen ■ Gefahr des Desinteresses an Sachthemen ■ Gefahr der Distanz zwischen „Entscheidern" und Bürgern ■ stärkere Einflussmöglichkeiten von Interessengruppen auf die Repräsentanten

2. Hürden für Volksentscheide z.B. in Bayern (vgl. www.mehr-demokratie.de)
   - Antrag auf Zulassung eines Volksbegehrens durch 25.000 Unterschriften von Stimmberechtigten
   - Prüfung durch das Innenministerium, Zulassung des Volksbegehrens
   - Volksbegehren: 10% der Stimmberechtigten der letzten Landtagswahl innerhalb von 14 Tagen

3. Aspekte zu Volksentscheiden auf Bundesebene: Folgende Überlegungen sind nach Pro- und Kontra-Gesichtspunkten abzuwägen:
   - „Abstimmungen" nach Art. 20 (2) GG grundsätzlich möglich
   - Änderung des Grundgesetzes notwendig / nicht notwendig
   - Probleme durch Emotionalisierung, Populismus, Demagogie
   - Problem der Ja- / Nein-Entscheidungen
   - Komplexität der zu entscheidenden Themen
   - Bereitschaft der Bürger sich zu informieren
   - Verlust der Bedeutung des Parlaments
   - Chancen für die Durchsetzung von Sonderinteressen bzw. für kleinere, aber einflussreiche und finanzstarke Gruppen
   - Zweckmäßigkeit eines Quorums (Mindestbeteiligung)
   - Problem der Verantwortlichkeit: Entscheidungsträger nicht abwählbar

4. Repräsentation durch Lotterie?

Pro	Kontra
▪ größere Repräsentativität der Volksvertreter, ▪ da alle Bevölkerungsgruppen die Chance haben, vertreten zu sein ▪ hohe Chance für neue Interessen und Perspektiven in den politischen Gremien ▪ geringere Wahrscheinlichkeit einer Verkrustung der „politischen Klasse" → Folge: geringes Misstrauen seitens der Bürger gegenüber einer „politischen Elite"	▪ Interesse" an politischen Ämtern ggf. über Eitelkeit und Eigeninteresse motiviert ▪ Gefahr der Uninformiertheit von Entscheidungsträgern ▪ keine Verantwortlichkeit gegenüber dem Bürger, keine Abwahl möglich ▪ Verlust und Ausfall der „politischen Elite" mit „politischen Kompetenzen" → Folge: Stärkung des Einflusses der Verwaltung

Seite 14

Zusatzmaterial: Vorschlag für eine Leistungserhebung

1. Augsburger Bürger konnten auf Grund eines Bürgerbegehrens bei einem Bürgerentscheid am 25.11.2007 über folgende Frage abstimmen:

„Soll der Augsburger Stadtrat dem Umbau des Königsplatzes erst dann zustimmen, wenn er seiner Entscheidung Planungen zugrunde legen kann, die von unabhängigen Fachleuten in einem offenen Ideenwettbewerb entwickelt wurden, der ein Gesamtkonzept für den künftigen innerstädtischen Öffentlichen Personennahverkehr und den motorisierten Individualverkehr zum Inhalt hat?

Andreas Roß, Intelligenztest per Bürgerentscheid, in: Süddeutsche Zeitung Nr.212, 14.09.2007, S. 37.

1.1 Erläutern Sie mit Hilfe der einschlägigen Artikel des Grundgesetzes, inwiefern das politische Handeln der Initiatoren des Bürgerentscheids als „praktizierte Volkssouveränität" bezeichnet werden kann!

1.2 Legen Sie am Beispiel des Bürgerentscheids in Augsburg mögliche Probleme plebiszitärer Elemente dar!

2. Politisches Engagement gilt als Gradmesser für eine starke Demokratie. Trotzdem müssen sich engagierte Bürger häufig für ihre Arbeit im politischen oder vorpolitischen Raum rechtfertigen. Erläutern Sie, z.B. als Vorsitzende(r) einer Bürgerinitiative in einem knappen, aber deutlichen Plädoyer die Motive für Ihr Engagement!

Seite 15

1.2 Grundformen der Demokratie

Der Klassiker der Staatsformenlehre ist sicherlich die Einteilung des Aristoteles. Monarchie, Aristokratie und Demokratie sowie deren Entartungen Tyrannis, Oligarchie und despotische Demokratie waren bis in die Moderne hinein mögliche Formen politischer Ordnungen. Einziges Kriterium: Anzahl der Herrschenden bzw. Interesse der Herrschenden am Gemeinnutz. Doch dieses Ordnungsschema überlebte sich in Neuzeit und Gegenwart, so dass wir heute eine Vielzahl politischer Systeme kennen und voneinander unterscheiden können.

Was dies für die einzelnen Demokratieformen bedeutet, wie sie klassifiziert und damit voneinander abgegrenzt werden können, soll dieses Kapitel helfen, aufzuklären. Mit M 1 werden deshalb zunächst Unterscheidungskriterien der demokratischen Systeme geannt. Eine erste grundsätzliche Unterscheidungsart ist dabei die Frage, wie aus dem Willen des Volkes der staatliche Wille gebildet werden soll. Zwei Theorien stehen als Grundlage: Identitätstheorie und Pluralismustheorie. M 2 und M 3 erläutern und stellen die Theorien einander gegenüber. Die auf die Theorien basierenden Grundtypen (plebiszitäre / direkte und repräsentative / indirekte Demokratien) werden im Anschluss daran klar voneinander abgegrenzt (M 4). Bei den modernen, repräsentativen/ indirekten Demokratien gilt es ferner, nach dem Kriterium der Machtverteilung zu unterscheiden (M 5). Hier werden zwei Grundtypen – parlamentarisches und präsidentielles Regierungssystem – analysiert und miteinander verglichen. Fragt man darüber hinaus nach den Entscheidungsträgern einer Demokratie kommt es zu weiteren Klassifizierungen: Konkurrenz-, Konkordanz- und Verhandlungsdemokratie (M 6). Die Übersicht verschiedener Demokratiesysteme endet mit einem Exkurs über die Ökonomische Theorie der Demokratie (M 7).

Seite 21

Lösungsvorschlag zu den Aufgaben

1. Wahl einer demokratischen Ordnung für einen Flächenstaat

Folgende Kriterien können den Gruppen bei der Entscheidungsfindung für die Wahl einer Demokratieordnung helfen:

- Art und Weise der Partizipation (direkte Volksabstimmung oder Wahl von Volksvertretern)
- Konzentration der Regierungsmacht
- Verhältnis Exekutive – Parlament
- Parteiensystem
- Wahlsystem
- Einbeziehung der Interessengruppen
- Entscheidungsfindungen (Konsens / Konkordanz / Konkurrenz)

Es leuchtet ein, dass für die Klasse konsensuale Verfahren oder direkt demokratische Verfahren leichter umzusetzen sind als für einen Flächenstaat.

2. Inputorientierte versus outputorientierte Legitimität

	Inputorientierte Legitimität/ Government by the people – oder – Wie stark werden die Bürger am politischen Willensbildungsprozess beteiligt?	**Outputorientierte Legitimität/ Government for the people – oder – Wie gut ist das System in der Lage, Probleme zu lösen?**
Plebiszitäre Demokratie	sehr stark	sehr gut
Repräsentative Demokratie	schwach	weniger gut
Präsidentielle Demokratie	schwach	gut
Parlamentarische Demokratie	schwach	gut
Konkurrenzdemokratie	sehr schwach	sehr gut
Konkordanzdemokratie	sehr stark	schlecht
Verhandlungsdemokratie	stark	weniger gut

3. Ökonomische Theorie der Demokratie von Anthony Downs
Bei der Ökonomischen Theorie der Demokratie wird versucht, mit Hilfe des Rational-Choice-Ansatzes das Verhalten der am politischen Prozess beteiligten Personen/ Verbände/ Parteien zu erklären. Downs` Hauptthese, Parteien wie Wähler handeln analog zu Unternehmern und Konsumenten in einer wettbewerbs- und profitorientierten Gesellschaft, versucht zu erklären, dass nicht das Gemeinwohl Hauptgegenstand des politischen Prozesses ist, sondern gemäß eines Kosten-Nutzen-Kalküls der jeweilige Eigennutz der handelnden Akteure. Demnach streben die Parteien bei Wahlen ausschließlich nach der Stimmenmaximierung und die Wähler nach der bestmöglichen Umsetzung der eigenen Interessen. Die Schülerinnen und Schüler sollen also verstehen, dass der ökonomischen Theorie der Demokratie zufolge die Parteien nicht ausschließlich aus ihrem Selbstverständnis heraus Programme erstellen und damit Politikinhalte durchzusetzen versuchen, sondern die jeweiligen Programme und das Auftreten bei Wahlkämpfen den Wählerpräferenzen geschuldet sind. Zugespitzt formuliert: Des Wählers Meinung ist Programm bzw. der Kunde ist König. Vor der Wahl werden die Wähler nicht selten mit für sie günstigen Wahlversprechen geködert, die nach der Wahl keinen Bestand mehr haben. Besondere Beispiele nicht eingehaltener Wahlversprechen können hierfür sein:

- Andrea Ypsilanti (SPD) ist vor der Hessenwahl im Januar 2008 mit dem Versprechen angetreten, sich auf gar keinen Fall mit Hilfe der Partei „Die Linke" zur Ministerpräsidentin wählen zu lassen.
- Helmut Kohl (CDU) sprach im Wahlkampf 1990 von „blühenden Landschaften" und wollte die Einheit aus der „Portokasse" bezahlen.
- Die SPD warb im Bundestagswahlkampf mit der Parole: „Merkelsteuer - das wird teuer – NEIN zur Erhöhung der Mehrwertsteuer". Die CDU kündigte an, die Mehrwertsteuer nach der Wahl um zwei Prozent anheben zu wollen. In der großen Koalition beschlossen beide Parteien zusammen schließlich eine Erhöhung um drei Prozentpunkte.

Während gebrochene Wahlversprechen eher die Ausnahme sind, setzen Parteien in der Regel das um, was sie vor der Wahl versprochen haben. Auch das Einhalten der Wahlversprechen kann mit der Theorie erklärt werden: Innerhalb seiner Präferenzordnung gewichtet der rationale Wähler die Regierungsarbeit der letzten Legislaturperiode sehr stark. Mit anderen Worten: Der Wähler bestraft bzw. belohnt bei nachfolgenden Wahlen das Einhalten und Umsetzen gemachter Wahlversprechen.

Seite 21

Zusatzmaterial: Hintergrundinformation zur Rational-Choice-Theory

Was genau der Rational-Choice-Ansatz besagt und warum rationale Entscheidungen die Grundlage der Volkswirtschaftslehre sind, soll in aller Kürze (rudimentär) dargestellt werden.

Die Rational-Choice-Theorie ist eine Handlungstheorie der Wirtschafts- und Sozialwissenschaften. Um Interessen, Einflüsse oder Ziele einer Volkswirtschaft erfassen bzw. berechnen zu können, müssen deren Akteure modelliert werden. Wichtigstes Kriterium dabei: Berechenbarkeit. Aber wie kann die wichtigste Grundlage eines volkswirtschaftlichen Modells, nämlich der Mensch, berechenbar gemacht werden? Dieses Problem löst die Rational-Choice-Theorie dank eines weitreichenden Denkansatzes: Die Handlungen der Menschen sollen gemäß seiner Präferenzen erklärbar und damit rational sein. Anders ausgedrückt: Nicht der Mensch an sich, sondern die Mittel zur Erreichung seiner Ziele müssen kalkulierbar werden. Dies geschieht durch eine sogenannte Präferenzordnung. Letztere legt die Entscheidungskriterien fest, durch die eine Entscheidung rational und berechenbar wird.

Eine Entscheidung ist in der Volkswirtschaftslehre dann rational, wenn deren Präferenzordnung a) vollständig, b) transitiv, c) reflexiv, d) monoton und e) konvex ist. Die letzten drei Kriterien werden in der Ökonomischen Theorie der Demokratie von A. Downs nicht beachtet, da sich deren Eigenschaften auf das Wahlverhalten bzw. auf das Wahlkampfverhalten nicht eindeutig bestimmen lassen.

Das zuerst genannte Kriterium Vollständigkeit wird in vier der fünf im Text vorgestellten Bedingungen für Rationalität angesprochen: Sätze (1), (2), (4) und (5) – Zeilen 34-47. Demnach ist eine Präferenzordnung vollständig, wenn beim Vergleich von mehreren alternativen Güterbündeln bekannt ist, welche Bündel allen anderen vorgezogen werden (1), welche weniger wünschenswert bzw. indifferent (gleichgültig) sind (2) und wenn jederzeit alle Güterbündel in eine klare Rangfolge gebracht werden können (4), (5). Die Präferenzordnung ist schließlich transitiv, wenn folgender Schluss gilt: Wenn A besser ist als B und B besser ist als C, muss A auch besser sein als C (3).

Diese Kriterien zur Grundlage nehmend, können die Parteien das Wahlverhalten der Bürger theoretisch vorhersagen: Der rationale Wähler ordnet nämlich – ganz der Theorie folgend – zunächst seine Wahlalternativen anhand seiner Präferenzen. Er wählt demnach die für ihn effektivste Alternative aus und würde bei gleichen Bedingungen stets die gleiche Wahl treffen. Der rationale Wähler entscheidet also in Abhängigkeit von seinem sozialen und wirtschaftlichen Kontext. Wie macht er das? Er vergleicht die Ergebnisse der Regierung in der letzten Legislaturperiode mit den von der Opposition behaupteten Ergebnissen, insofern sie an der Macht gewesen wäre. Schließlich entscheidet sich der rationale Wähler dann für die Partei, von der er meint, dass sie seine Präferenzen am ehesten umsetzen wird. Damit ist die Wahlentscheidung abhängig von aktuellen politischen Debatten, von dem Erscheinungsbild von Regierung und Opposition sowie von wirtschaftlichen Indikatoren (Arbeitslosenzahlen, Wachstumsraten, etc.).

Wie verhalten sich also die Parteien im Wahlkampf, wenn sie die Stimmen der rationalen Wähler gewinnen wollen. Zunächst gilt es, die jeweils eigene Klientel klar zu bestimmen: Wer sind die Wähler, in welchem gesellschaftlichen Kontext leben sie und wie werden dort aktuelle politische Sachverhalte beurteilt. Je nach Parteiherkunft gilt es also, auf die Wählerklientel zugeschnittene Parteiprogramme unterschiedlich weit zu formulieren und zu verabschieden. Denn möglichst viele Wähler sollen sich ihren Präferenzen nach angesprochen fühlen. Je mehr die Präferenzen erkannt werden, desto besser können sich die Parteien im Wahlkampf positionieren. Wissend, dass der Wähler von aktuellen politischen Diskussionen beeinflusst wird, müssen die Parteien versuchen, im Vorfeld von Wahlen bestimmte, für sie günstige Themen auf die Agenda zu setzen. Wie das sogenannte „Agendasetting" ist auch die „Ergebniszufriedenheit" der letzten Legislaturperiode in der Präferenzordnung weit oben anzutreffen. Viele Wähler „bestrafen" oder „belohnen" mit Ihrer Stimme die Parteien. Dies Verhalten bedeutet im Umkehrschluss, dem rationalen Wähler ein bestimmtes Bild der eigenen bzw. der Konkurrenzpartei zu vermitteln. Dabei kommen die verschiedensten Mittel zum Einsatz: Plakate, Radio- und Fernsehwerbung, Reden, Wahlauftritte, Fernsehduelle. Um dies zu organisieren, werden mittlerweile betriebswirtschaftlich arbeitende Marketingbüros extra für Wahlkämpfe engagiert. Anders ausgedrückt: Mit allen Mitteln der Marketingkunst bzw. durch den Gebrauch volks- und betriebswirtschaftlicher Kenntnisse streben die Parteien danach, dem Wähler so nah wie möglich zu kommen bzw. ihn für sich zu gewinnen.

Hinweis:
Gegner der ökonomischen Theorie der Demokratie argumentieren, dass die Wähler aus u.a. zwei Gründen keine rationalen Wahlentscheidungen treffen können: Erstens stimmen viele Wähler wegen sozialer Verbundenheit mit bestimmten Politikern (z.B. auf lokaler Ebene), längerfristiger emotionaler Parteibindungen oder aus Protestgründen für eine bestimmte Partei. Dies geschieht selbst dann, wenn die gewählte Partei den eigenen Präferenzen gemäß völlig andere Ziele verfolgt. Zweitens dürfte es bei strikter Anwendung des Rational-Choice-Ansatzes nicht einmal zu einer Wahl kommen. Gemessen an den Kosten, ist es nicht nachvollziehbar, warum der rationale Wähler die entstehenden Mühen der Wahlteilnahme in Kauf nimmt, wenn seine einzelne Stimme eine vernachlässigbare Wirkung am Wahlausgang hat.

Autorentext

Seite 23

!

2. Grundwerte und Grundgesetz

Grundlage dieses Kapitels ist die spannende und bis heute erfolgreiche Geschichte des deutschen Grundgesetzes. Es ist mittlerweile die älteste Verfassung der Deutschen, deren Gelingen viele Väter hat: Die weitsichtigen Abgeordneten des Parlamentarischen Rates mit ihren Erfahrungen aus der Weimarer Republik und der Nazi-Zeit, die Wertordnung des Grundgesetzes, die verbrieften, unveränderbaren Strukturprinzipien des Staates, die Möglichkeit des Wandels und der Anpassung an neue Realitäten in Politik und Gesellschaft und nicht zuletzt die Instrumente für eine „wehrhafte" Demokratie sind der Garant dieser Erfolgsgeschichte. Aber ist nach mehr als 60 Jahren das Grundgesetz immer noch angemessen? Haben sich die Welt und die deutsche Gesellschaft seitdem nicht zu sehr verändert? Sind die im Grundgesetz verbrieften Grundrechte für eine technisch moderne Gesellschaft noch ausreichend? Diese Fragen gilt es zu diskutieren. Wie das Grundgesetz weltpolitische und gesellschaftliche Veränderungen adaptieren kann und gleichzeitig den Zusammenhalt der Gesellschaft und die verfassungsmäßige Ordnung auch in schwierigen Zeiten zu garantieren imstande ist, sollen die Schülerinnen und Schüler in diesem Kapitel verstehen lernen.

Folgende Kompetenzen sollen in Kapitel 2 vermittelt werden:

Sachkompetenzen	■ Bedeutung der grundlegenden Werte des Grundgesetzes erkennen ■ Tragende Grundsätze des Staatsaufbaus und die verfassungsmäßige Ordnung der Bundesrepublik mit dem Grundgesetz erklären ■ Kennen und Unterscheiden der Staatsstrukturprinzipien ■ Aufzählen der Instrumente der „wehrhaften Demokratie"
Methodenkompetenzen	■ Persönliche Rechte anhand des Grundgesetzes verteidigen ■ Gesetze an sich sowie deren Zustandekommen auf das Grundgesetz zurückführen ■ mögliche gesellschaftspolitische Veränderungen mit dem Grundgesetz in Einklang bringen
Urteilskompetenzen	■ Den Wertekonsens des Grundgesetzes beurteilen ■ Aktuelle gesellschaftspolitische Diskussionen um Datenspeicherung bewerten ■ Parteiverbotsverfahren und deren Folgen einschätzen

2.1 Grundwerte und Staatsstrukturprinzipien

Seite 25

!

Der erste Teilabschnitt dieses Unterkapitels legt die Grundlagen für das Verständnis des bundesrepublikanischen Staatsaufbaus. Aus welchen Gründen haben sich die Väter des Grundgesetzes für eine parlamentarische Demokratie entschieden, wo im Grundgesetz ist die Rechtsstaatlichkeit verankert, warum gilt und was ist das Sozialstaatsprinzip oder weshalb spielt die Menschenwürde in Art. 1 eine so große Rolle? Die Schülerinnen und Schüler lernen den Aufbau und die Grundprinzipien des Grundgesetzes kennen. Es empfiehlt sich, mit M 1 anzufangen: Was war der Parlamentarische Rat und warum hat dieser die Menschenwürde in der Werteordnung so hoch angesetzt (M 2 – M 3), dass sich alle Menschen, egal welcher Verbrechen sie beschuldigt werden, auf sie berufen können (M 4). In diesem Zusammenhang bietet es sich an, im Kurs die Wichtigkeit und die grundlegende Bedeutung der Menschenwürde zu diskutieren (M 5 – M 6). Im zweiten Teil dieses Unterkapitels werden ausführlich die Staatsstrukturprinzipien behandelt (M 7 – M 13). Hier könnte es (zeitlich) ratsam sein, einzelne Gruppen zu bilden, die sich jeweils bestimmte Strukturprinzipien anschauen und diese im Anschluss daran im Kurs kurz und knapp vorstellen.

2.1.1 Die Menschenwürde als oberster Wert der Verfassung

Lösungsvorschlag zu den Aufgaben

Seite 28

✓

1. Grundlegende Werte des Grundgesetzes
Werte prägen nicht nur die Verfassung, sondern auch die Verfassungsinstitutionen. Damit sind sie von zentraler Bedeutung, wenn es um die Staatszwecke, die Staatsaufgaben und schließlich um die Stellung jedes einzelnen geht. Mit anderen Worten: Die Werte des Grundgesetzes sind in allen Verfassungsbereichen prägend.
Der oberste Verfassungswert ist die **Würde des Menschen**. Diese ist in Artikel 1 an prominenter Stelle unwiderruflich festgeschrieben und strahlt auf andere Bereiche der Verfassung und auf das Recht im Allgemeinen aus. Alle staatliche Gewalt hat gemäß Art. 1 Abs. 1 GG damit die Würde des Menschen zu achten und zu schützen.
In einer nachgeordneten Stellung nennt das Grundgesetz **die freiheitliche demokratische Grundordnung** als Verfassungswert. An mehreren Orten wird dies im Grundgesetz betont, aber nicht eindeutig definiert. Das Bundesverfassungsgericht hat jedoch in mehreren Entscheidungen den Begriff „entfaltet". Die freiheitliche demokratische Grundordnung ist eine Ordnung, „die unter Ausschluss jeglicher Gewalt- und Willkürherrschaft eine rechtsstaatliche Herrschaftsordnung auf der Grundlage der Selbstbestimmung des Volkes nach dem Willen der jeweiligen Mehrheit unter Freiheit und Gleichheit darstellt." (M 2: Zeile 42 – 46)

2. Unvereinbarkeit von Grundgesetz und Folter zur Erzwingung von Geständnissen
Der Anwalt Hans-Ulrich Endres gibt in M 4 wesentliche Gründe für die Unvereinbarkeit. Demnach kommen drei Argumente zum Tragen:

a) Der Staat darf sich niemals auf die Ebene des Verbrechers begeben.
b) Auch verurteilte bzw. im Gewaltmonopol des Staats befindliche Menschen stehen unter der Fürsorge des Staates
c) Jeder Mensch, egal welches Verbrechen er beschuldigt oder verklagt wird, besitzt genau dieselbe Würde wie das Opfer. Und Folter stellt eine Verletzung der Menschenwürde dar.

2.1.2 Die Staatsstrukturprinzipien

Seite 31

Lösungsvorschlag zu den Aufgaben

1. Strukturmodell der parlamentarisch-repräsentativen Demokratie
Im Wesentlichen sollen die Schülerinnen und Schüler darstellen, auf welche Prinzipien die Demokratie des Grundgesetzes zurückgeführt werden kann. Die jeweiligen Prinzipien können näher vorgestellt werden. Alternativ wäre es möglich, vier Gruppen zu bilden, wobei jede Gruppe ein anderes Prinzip der Demokratie dem Kurs vorstellt. Als mögliches Tafelbild könnte folgende Darstellung dienen:

Prinzipien der Demokratie
- **Volkssouveränität**
- **Repräsentativsystem**
- **Mehrheitsprinzip**
- **streitbare Demokratie**

2. Wesentliche Grundprinzipien des Rechtsstaates sind:
- Rechtsbindung (Art. 20 abs. 3GG, Art. 79 GG, Art. 93 GG, Art 104 GG): Unabhängige Gerichte schützen die Bürger vor willkürlichen Eingriffen des Staates
- Rechtssicherheit (Art. 103 GG, Art 104 GG): Alles staatliche Handeln ist an Recht und Gesetz gebunden
- Rechtsgleichheit (Art. 3 Abs. 1 u. Abs. 3 GG, Art. 19 Abs. 1GG): Alle Bürger sind vor dem Gesetz gleich

Zusatz: Im Text (M 8) werden nachfolgende Prinzipien zwar angedeutet, aber nicht explizit erwähnt. Sie können im Unterricht hinzugefügt werden:
- Prinzip der Gewaltenteilung: Aufteilung in Exekutive, Legislative und Judikative
- Grundrechteprinzip: (Art 1 Abs. 3) Gewährleistung der persönlichen Grundrechte
- Grundsatz der Verhältnismäßigkeit
- Unabhängigkeit der Gerichte

Seite 31

Zusatzmaterial zu M 8: „Notleidende Bürgerrechte“

Ein Gespräch mit dem Journalisten Heribert Prantl über die neuen Sicherheitsgesetze und Gefahren für den Rechtsstaat.

Herr Prantl, haben Sie etwas zu verbergen?
Natürlich. Sie und ich laufen ja auch nicht nackt durch die Gegend. Die neueren Sicherheitsgesetze verordnen einen Zwangs-Striptease besonderer Art: Unbescholtene Bürger werden vom Staat durchleuchtet und erfahren nicht einmal etwas davon. Ich will nicht, dass alles, was meine Person und meine Persönlichkeit ausmachen, irgendjemand irgendwo für irgendwelche Zwecke speichert.

Was wäre das?
Es wird so harmlos von „Daten“ geredet. Diese Daten sind Puzzle-Stückchen einer Person: Wo und wohin fahre ich mit dem Auto? Mit wem telefoniere ich wann und wo über was? Welche Konten unterhalte ich, wer zahlt darauf ein, wohin überweise ich wie viel? Welche Internet-Seiten rufe ich auf? Wo fliege ich hin? Welche Dateien finden sich auf meinem Computer? All das summiert sich zu einem Persönlichkeitsbild. Und natürlich gibt es in meinem Beruf Dinge und Personen, die verborgen werden müssen – wie sollen denn Informanten geschützt werden, wenn Sicherheitsbehörden Verbin-

dungsdaten kontrollieren und Lauschaktionen veranstalten können? Man soll nicht immer gleich die Pressefreiheit gefährdet sehen; aber hier ist sie es wirklich. Wenn die Sicherheitsbehörden leicht feststellen können, wer die Redaktion informiert hat, dann sind das Zeugnisverweigerungsrecht, das Berufsgeheimnis und die Pressefreiheit das Papier nicht mehr wert, auf dem sie stehen. (...) Auch bei der Pressefreiheit geht es um die großen Zusammenhänge. Sie ist kein Sonntagsreden-Grundrecht; das Aufdecken von Skandalen, die Debatte über die Konsequenzen daraus – das ist wichtig für das Funktionieren von Demokratie. Und auch bei meinem Protest gegen den Zugriff auf alle möglichen Daten geht es nicht um einen privaten Spleen. Wer keinen Anlass für staatliches Eingreifen gegeben hatte, der wurde früher vom Staat in Ruhe gelassen. Jeder konnte durch sein eigenes Verhalten den Staat auf Distanz halten. Man nannte das Rechtsstaat. Heute gilt man als potentiell verdächtig – solange bis sich durch Kontroll- und Überwachungsmaßnahmen das Gegenteil ergibt. Meine Diagnose über unseren Rechtsstaat lautet also: Es steht nicht so gut um ihn.

Ist Deutschland kein Rechtsstaat mehr?

Das zu behaupten wäre Unsinn, zumal das Bundesverfassungsgericht da steht wie eine Eins. Aber ich stelle fest, dass dieser Rechtsstaat seit vielen Jahren an allen Ecken und Enden angefressen wird. Für sicher gehaltene Fundamente der Rechtsordnung bröckeln, Fundamentalgewissheiten sind nicht mehr gewiss, sogar die Absolutheit des Folterverbots wird in Frage gestellt. Es wird über Sanktionen sinniert gegen „Gefahrpersonen", die noch gar keine Straftaten begangen haben. Das sind Indikatoren für eine schon eingetretene Erosion des Rechtsbewusstseins. Gravierende Ermittlungsmaßnahmen und Grundrechtseingriffe waren früher nur dann möglich, wenn jemand konkret im Verdacht einer Straftat stand oder, im polizeirechtlichen Bereich, wenn eine Gefahr konkret wurde. Seit dem 11. September geht dieser Umbau des bisherigen Sicherheitssystems in ein Präventionssystem rasch voran. Der Staat will so früh wie möglich zugreifen und er tut dies mit Mitteln, die ursprünglich nur gegen verdächtige Straftäter erlaubt waren. (...) Man muss akzeptieren, dass es Risiken gibt, die kein Rechtsstaat und vielleicht nicht einmal ein totalitärer Staat ganz beseitigen kann. (...) Die Sicherheit ist in diesem Land nicht notleidend, sehr wohl aber sind es die Bürger- und Freiheitsrechte.

Aus: Das Parlament Nr. 16/2008.

3. Warum ist Deutschland ein materieller Rechtsstaat?

Ein „formeller Rechtsstaat" unterscheidet sich vom „materiellen Rechtsstaat" derart, dass letzterer bestimmte materielle Grundsätze garantiert. Das Handeln des Staates ist also nicht nur an das jeweilig geltende Recht, sondern auch an die Geltung der Grundrechte gebunden. Diese sind in Deutschland in den ersten 19 Artikeln festgehalten, sie sind in ihrem Wesen Mehrheitsentscheidungen entzogen und stehen u.a. deshalb prominent an der Spitze der Verfassung. Mehr noch: Die Art. 1 GG und Art. 20 GG sind zudem durch Art. 79 Abs. 3 GG für immer unanfechtbar. Schließlich ist die Existenz des Bundesverfassungsgerichtes ein weiterer Beleg für einen materiellen Rechtsstaat.

Ein „formeller Rechtsstaat" liegt dann vor, wenn die Gesetze dieses Staates nach bestimmten Regeln zustande kommen und der Staat in seinem Handeln an diese Gesetze gebunden ist. Was fehlt, ist die unaufkündbare Grundrechte-Bindung. So konnte beispielsweise das nationalsozialistische Terrorregime „legal" entstehen, da es in der Weimarer Republik „lediglich" ein positivistisches (von lat. ponere setzen, positum gesetzt) Rechtsverständnis gegeben hat, wonach Recht nur an der formellen Korrektheit des Rechtsetzungsverfahrens gemessen wurde.

4. Das System der Gewaltenteilung verhindert eine Willkürherrschaft
Die Gewaltenteilung hemmt die Staatsgewalt durch Aufteilung und Koordination der staatlichen Grundfunktionen Exekutive, Legislative und Judikative. Diese Grundfunktionen werden auf verschiedene Organe verteilt und mäßigen oder hemmen dadurch staatlich-politische Macht und Herrschaft. Konkreter ausgedrückt: Amtsträger der einen Gewalt dürfen nicht gleichzeitig Amtsträger einer anderen Gewalt sein. Die Politikwissenschaft spricht hierbei von Inkompatibilität. Ein amtierender Richter darf nicht gleichzeitig ein Abgeordneter sein. Durch dieses System der Machthemmnisse von Staatsorganen und die in Art. 20 GG festgeschriebene Staatsordnung sowie deren durch Art. 79 Abs. 3 ewig garantierte Existenz kann in Deutschland eine Willkürherrschaft ausgeschlossen werden.

Zusatz:
In modernen parlamentarischen Regierungssystemen wird das Prinzip der strikten Gewaltentrennung nicht mehr angewendet. So sind in Deutschland beispielsweise Exekutive und die Mehrheit der Legislative miteinander verwoben. Es treten aber andere Formen von Gewaltenteilung auf, die in der dogmatischen Gewaltenteilungslehre noch nicht berücksichtigt wurden: Opposition; materieller Rechtsstaat; vierte Gewalt (Massenmedien).

Seite 33

Lösungsvorschlag zu den Aufgaben

✓

1. Sozialstaatsprinzip
Bevor die Schülerinnen und Schüler über einzelne Ausformungen des Sozialstaatsprinzips diskutieren, bietet es sich an, zu klären, was genau der Sozialstaat ist.
Der Sozialstaat bezeichnet alle staatlichen Einrichtungen, Steuerungsmaßnahmen und Normen innerhalb des demokratischen Systems. Das Prinzip der Sozialstaatlichkeit verpflichtet den deutschen Staat, eine Grundsicherung seiner Bürger zu gewährleisten. Wie diese Grundsicherung auszusehen hat, ist Gegenstand vieler politischer Debatten. Im Vergleich zum liberalen Staat, der „nur" die Sicherheit und Freiheit der Bürger zu schützen verpflichtet ist, muss der Sozialstaat das Wohlergehen seiner Bürger garantieren. Wie er dies regelt, lässt das Grundgesetz offen. Ganz wichtig ist in diesem Zusammenhang, dass das Grundgesetz mit Art. 20 Abs. 1 festschreibt, ein demokratischer und sozialer Bundesstaat zu sein. Dies gilt laut Art. 28 Abs. 1 im Übrigen auch für die Länder. Damit hat sich Deutschland ein „soziales Staatsziel" gegeben.
Nun wäre es zum einen interessant, wie die Schülerinnen und Schüler dieses soziale Staatsziel definieren oder welche Ausformungen des Sozialstaatsprinzips sie für notwendig erachten. Zum anderen könnten die Schülerinnen und Schüler aber auch Gruppen bilden und die Positionen der im Bundestag vertretenen Parteien diskutieren und dann entsprechend vortragen.

2. Bundesstaatsprinzip
a) Beitrag zur Gewaltenteilung
Der Parlamentarische Rat hat den Bundesländern mit Art. 28 Abs. 1 GG eine eigenstaatliche Qualität gegeben. Bewusst sollte so der Zentralstaat kontrolliert und damit in seiner Macht beschränkt werden. Dies kann als Beitrag zur Gewaltenteilung gesehen werden.
Zusatz: Allerdings ist die Existenz des Bundesrates kein Beispiel für eine klassische „vertikale Gewaltenteilung", sondern vielmehr steht er für eine „vertikale Gewaltenverschränkung" zwischen Bund und Ländern. Denn Art. 50 GG schreibt vor, dass der Bundesrat nicht ausschließlich Länderinteressen verfolgen darf, sondern Bundes- und Landesinteressen möglichst übereinstimmend vertreten soll.

b) Erhöhung der Akzeptanz politischer Entscheidungen
Das Bundesstaatsprinzip ist genauso wie das Sozialstaatsprinzip in Art. 20 Abs. 1 GG garantiert und durch Art. 79 Abs. 3 GG für ewig festgeschrieben. In Deutschland sind die Länder durch den Bundesrat an der Gesetzgebung des Bundes beteiligt. Die Länder haben somit die Möglichkeit, die für sie wichtigen Gesetze aktiv mitzugestalten. Da die Länder in aller Regel die Verwaltungsaufgaben ausüben, sie also Erfahrungen haben, wie sich theoretisch formulierte Gesetze praktisch umsetzen lassen, kommt dem Gesetzesprozess eine „Qualitätsverbesserung" zu. Die Erfahrung bei der Umsetzung fließt bei der Gesetzesformulierung mit ein. Durch diesen Praxisbezug kann die Akzeptanz politischer Entscheidungen erheblich gefördert werden.

3. Vor- und Nachteile des Föderalismus

Vorteile des Föderalismus	Nachteile des Föderalismus
▪ Kontrolle der Bundesregierung ▪ Höhere Akzeptanz der verabschiedeten Gesetze bei Mitwirkung der Länder ▪ Schaffung von wirtschaftlich ähnlichen Lebensverhältnissen (Länderfinanzausgleich Art. 107 Ab. 2 GG) ▪ Mögliche, einfachere Identifizierung mit dem Bundesland als mit dem Bund ▪ Änderungen des Grundgesetzes sind schwierig (2/3 Mehrheit des Bundestages und 2/3 Mehrheit des Bundesrates)	▪ Langwierige Gesetzesverfahren ▪ Bundesrat kann als Blockadeinstrument der (Bundestags-)Opposition gebraucht werden ▪ Uneinheitliche Bildungsabschlüsse ▪ Hoher Kostenaufwand (16 Länder = 16 Länderparlamente = 16 Länderregierungen = usw. ▪ Reformstau ▪ Grundgesetzänderungen sind schwierig, da beide Kammern eine 2/3 Mehrheit benötigen.

Zusatzmaterial zu den Aufgaben: „Föderalismusreform"

Seite 33

+

Unter *http://www.mitmischen.de/index.php/Informativ/Zeitleiste/pos/12/infobox/22330* gibt es eine Zusammenstellung des Bundestages über den Weg des Grundgesetzes. Von den Anfängen des Parlamentarischen Rates bis zur letzten Grundgesetzänderung sind alle wichtigen Stationen des Grundgesetzes ausführlich dargestellt. Als Beispiel ist der Text zur Föderalismusreform 2006 gut geeignet, dieses Unterkapitel abzuschließen.

1. September 2006: Föderalismusreform
„Die Bundesrepublik Deutschland ist ein demokratischer und sozialer Bundesstaat", so definiert Artikel 20 Absatz 1 des Grundgesetzes die Staatsform. Das Wort „Bundesstaat" legt den föderalen Aufbau der BRD fest. Unter Föderalismus versteht man die Aufteilung staatlicher Aufgaben und Rechte zwischen einem Gesamtstaat und seinen Gliedstaaten. Über den Bundesrat wirken die Länder an der Gesetzgebung mit. Unterschieden wird zwischen ausschließlicher Gesetzgebung des Bundes und konkurrierender Gesetzgebung. Bei der konkurrierenden Gesetzgebung dürfen die Länder in bestimmten Bereichen eigene Gesetze erlassen, solange und soweit der Bund im betreffenden Bereich keine Gesetze erlässt.

Im Oktober 2003 setzen der Bundestag und der Bundesrat eine gemeinsame Föderalismuskommission ein, die aus 16 Bundestagsabgeordneten und den 16 Ministerpräsidenten der Bundesländer besteht. Sie soll Vorschläge für eine Reform erarbeiten, die die Aufgabenteilung modernisiert, Entscheidungsprozesse verkürzt und Blockademöglichkeiten verringert. In einem zweiten Schritt sollen zu einem späteren Zeitpunkt auch die

Finanzbeziehungen zwischen dem Bund und den Ländern neu geregelt werden. Nach vielen Beratungen und Expertenanhörungen mit über 100 Sachverständigen stimmt die Mehrheit der Bundestagsabgeordneten am 30. Juni 2006 der Föderalismusreform zu – und damit der umfassendsten Grundgesetzänderung seit 1949. Denn mit der Reform werden insgesamt 19 Artikel geändert, vier eingefügt und zwei aufgehoben. Der Bundesrat verabschiedet die Reform am 7. Juli 2006.
Die neuen Regelungen treten am 1. September in Kraft. Dazu gehören unter anderem folgende Bestimmungen: Um die Gesetzgebungsprozesse zu beschleunigen, wird die Zahl der Bundesgesetze, denen der Bundesrat zustimmen muss, verringert. Dafür erhalten die Länder in vielen Bereichen das ausschließliche Recht, Gesetze zu erlassen, darunter die Bereiche Strafvollzug, Gaststätten, Versammlung, Presse und Ladenschluss. So kommt es zum Beispiel zu unterschiedlichen Ladenöffnungszeiten. Auch der Bund erhält weitere Zuständigkeiten, für die er allein verantwortlich ist, wie die Abwehr von internationalem Terrorismus oder Atomenergie. In Teilen des Umwelt- und Bildungsrechts erhalten die Länder ein neues „Abweichungsrecht". Das heißt, sie können von Bundesregelungen abweichende, eigene Gesetze beschließen. Zum Thema Finanzpolitik wird das Grundgesetz um einen Artikel erweitert, der genau festlegt, dass bei Verstößen gegen den Europäischen Stabilitätspakt der Bund 65 Prozent und die Länder 35 Prozent der Kosten zahlen. Außerdem wird Berlin in Artikel 22 des Grundgesetzes als Bundeshauptstadt festgesetzt.
Um die Reform fortzusetzen, hat sich eine zweite Förderalismuskommission von März 2007 bis März 2009 mit dem Thema Bund-Länder-Finanzbeziehungen beschäftigt. Ein Ergebnis ist die sogenannte Schuldenbremse, die sowohl Bund als auch die Länder verpflichtet, ihre Neuverschuldung schrittweise zurückzuführen. Die Regelung soll 2011 in Kraft treten.

http://www.mitmischen.de/index.php/Informativ/Zeitleiste/pos/10/infobox/22330, 12.08.2010.

Seite 35

2.2 Bewahrung und Offenheit des Grundgesetzes

!

Wie kann das Grundgesetz seine Prinzipien bewahren und trotzdem offen für Veränderungen sein. Die festgeschriebenen Grundrechte waren vor allem Thema im letzten Unterkapitel. Nun rückt die Fähigkeit des Grundgesetzes in den Fokus, auf neue Gefahren bzw. auf neue gesellschaftspolitische Realitäten zu reagieren. Wie und mit welchen Mitteln das Grundgesetz dies umzusetzen versucht, sollen die Schülerinnen und Schüler in diesem Kapitel lernen. Zuerst wird im Kapitel 2.2.1 die wehrhafte Demokratie samt ihrer verfassungsrechtlichen Instrumente vorgestellt. Spannend ist hierbei die Pro- und Kontra-Diskussion um das NPD-Verbotsverfahren in M 4. Kapitel 2.2.2 thematisiert hingegen vorrangig die Offenheit des Grundgesetzes und nimmt Stellung zu neuen Gefahren bei Online-Durchsuchungen bzw. zur Rolle des Bundesverfassungsgerichts. Schließlich rundet Manfred G. Schmidt mit seiner Übersicht zum Wandel des Grundgesetzes das Unterkapitel ab.

2.2.1 Die wehrhafte Demokratie

Seite 38

Lösungsvorschlag zu den Aufgaben

1. „Wehrhafte Demokratie" – ein Widerspruch zur Demokratie?

Pro	Kontra
■ Grundrechte wie Meinungsfreiheit, Pressefreiheit, Versammlungsfreiheit, Lehrfreiheit, Brief-, Post- und Fernmeldegeheimnis, usw. können verwirkt werden (Art. 18 GG) ■ Vereinigungen können von Innenministern verboten werden ■ Keine echte Selbstbestimmung des Volkes durch die „Ewigkeitsklausel" – vgl. das Zustandekommen des Grundgesetzes	■ Durch Art. 18 GG können bestimmte Grundrechte verwirkt werden, dies sichert die freiheitliche demokratische Grundordnung ■ Durch die Ewigkeitsklausel sichert sich die Demokratie gegen Umstürze der freiheitlichen demokratischen Grundordnung ab ■ Verfassungstreue (Art. 33 Abs. 4 GG) sichert das Fortleben der Demokratie ■ Art. 79 GG bietet durch die Ewigkeitsbestimmung von Art. 1 GG und Art. 20 GG auch eine Art Minderheitenschutz – dadurch erreicht die Demokratie eine höhere Akzeptanz bei den Bürgern ■ Art. 21 GG dient zur Sicherung der Demokratie: Nur solche Parteien, die verfassungswidrig sind und damit die Demokratie abschaffen wollen, werden verboten

2. Soll die rechtsextreme Partei NPD verboten werden?

Pro Verbotsverfahren	Kontra Verbotsverfahren
■ NPD ist verfassungsfeindlich ■ NPD ist keine Konkurrenz im Parteiensystem, sondern dessen Gegner ■ NPD bekommt durch Wahlteilnahmen Kosten vom Staat erstattet und werben mit dem Geld für dessen Abschaffung ■ organisierter Rechtsextremismus würde illegal ■ Untätigkeit wird von der NPD als Einladung verstanden, sich zu etablieren ■ Gefahr, dass Protestwähler, trotz anderer Parteienaffinität, der NPD ihre Stimme geben könnten	■ Partei ist in zwei Landtagen vertreten (Sachsen und Mecklenburg-Vorpommern) ■ Eingeständnis, die Partei auf andere Weise nicht loszuwerden ■ Gedanken kann man nicht verbieten ■ Nach Verbot, Gründung einer neuen Partei ■ NPD ist isoliert, ein Verbotsverfahren würde die NPD wieder in den medialen Mittelpunkt stellen ■ Ein weiteres Scheitern des Verbotsverfahrens wäre „peinlich" und würde die NPD bestärken, ihren Weg weiterzugehen

2.2.2 Die Offenheit des Grundgesetzes

Seite 43

Lösungsvorschlag zu den Aufgaben

1. Mehr Rechte für den Staat bei der Online-Durchsuchung von privaten Computern

Pro:
- terroristische Gruppen kommunizieren weitgehend über das Internet
- terroristische Aktivitäten werden via Internet über Ländergrenzen hinaus geplant und vorbereitet
- das Internet darf kein rechtsfreier Raum sein
- auch andere Verbrechen finden häufig ihren Anfang im Internet – Sexueller Missbrauch
- Finanzbetrügereien (Ausspähung und Ausnutzung von Bankdaten) müssen verhindert werden

Kontra:
- private, sensible Daten können eingesehen werden
- Finanzgeschäfte können einfacher nachvollzogen werden
- Verletzung des „Rechts auf Gewährung der Vertraulichkeit und Integrität informationstechnischer Systeme" (Urteil des BVerfG vom 28.02.2008) und damit im weiteren Sinne: Verletzung auf das Recht der freien Persönlichkeitsentfaltung (Art. 2 Abs. 1 GG)

2. Neues Grundrecht durch ein Urteil des Bundesverfassungsgerichts

a) Grundrecht und seine Grenzen

Mit dem Urteil vom 28.02.2008 hat das Bundesverfassungsgericht Onlinedurchsuchungen nur unter strengen Auflagen erlaubt. Damit erkennt das Bundesverfassungsgericht an, dass der Computer in Bezug auf Menschenwürde und Entfaltung der Persönlichkeit ein immer wichtigerer Bestandteil des Lebens der Menschen geworden ist. Durch diese Sichtweise und das damit zusammenhängende Urteil hat „Karlsruhe" ein neues „Grundrecht auf Gewährleistung der Vertraulichkeit und Integrität informationstechnischer Systeme" geschaffen. Dieses neue Grundrecht wurde aus dem allgemeinen Persönlichkeitsrecht abgeleitet und dient den Menschen, ihre Privatsphäre vor Eingriffen des Staates zu schützen.

Allerdings gibt es Grenzen: Wenn Gefahren für Leib, Leben und Freiheit bestehen oder „Bedrohungen, die den Bestand des Staates oder die Grundlagen der menschlichen Existenz berühren" (M 5, S. 41, Zeile 47 – 49) sind heimliche Eingriffe des Staates möglich. Dies geschieht dann, wenn „tatsächliche Anhaltspunkte einer konkreten Gefahr für ein überragend wichtiges Rechtsgut vorliegen." (ebd., Zeile 50-51)

b) Wie hat das BVerfG zum Wandel des Grundgesetzes beigetragen?

Das Bundesverfassungsgericht hat im Zuge des Urteils vom 28.02.2008 erstmals ein neues Grundrecht geschaffen: Grundrecht auf Gewährleistung der Vertraulichkeit und Integrität informationstechnischer Systeme. Damit hat das BVerfG das Grundgesetz um ein weiteres Grundrecht erweitert. Durch diesen Wandel hat die technische und gesellschaftliche Entwicklung Eingang in den Grundrechtsschutz gefunden. Das „Recht auf Gewährung der Vertraulichkeit und Integrität informationstechnischer Systeme" ist eine Fortschreibung bzw. ein Wandel des Allgemeinen Persönlichkeitsrechts.

3. Zeitstrahl wesentlicher Wegmarken des Grundgesetzes

Insgesamt hat es seit 1949 bis heute 57 Grundgesetzänderungen gegeben. Diese hier aufzuführen, wäre nicht im Sinne der Aufgabenstellung. Daher beschränkt sich dieser Lösungsvorschlag auf die wesentlichen, wichtigen Wegmarken des Grundgesetzes. Es bietet sich an, einzelne Änderungspunkte des Grundgesetzes herauszugreifen, und sie bzw. deren Hintergründe in Gruppenarbeit oder in Einzelarbeit recherchieren und anschließend vorstellen zu lassen.

Wesentliche Wegmarken des Grundgesetzes

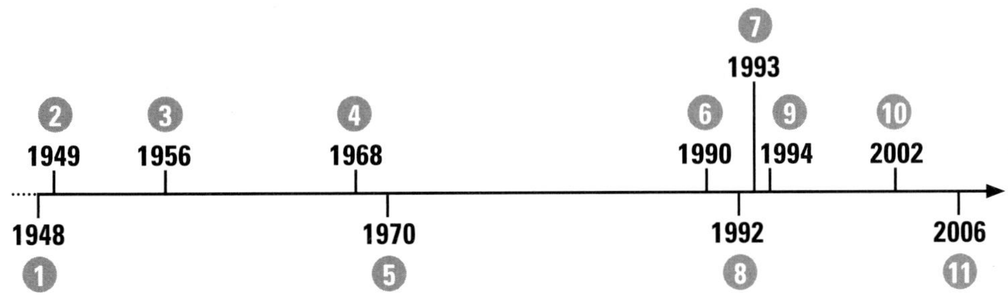

1. **01.09.1948:** Der Parlamentarische Rat nimmt seine Arbeit in Bonn auf
2. **23.05.1949:** Geburtsstunde des GG
3. **06.03.1956:** Wiedereinführung der Wehrpflicht und Schaffung der Bundeswehr (insb. Art. 12a GG)
4. **30.05.1968:** Notstandsverfassung (insb. Art. 115a-115 GG)
5. **31.07.1970:** Senkung des Wahlalters (Art. 38 Abs. 2 GG)
6. **03.10.1990:** Wiedervereinigung (Art. 23 GG wurde aufgehoben)
7. **28.06.1993:** Einschränkung des Asylrechts (Art. 16 und 18 GG)
8. **21.12.1992:**
   - Mitgliedschaft in der EU (Art. 23 GG)
   - Preisstabilität (Art. 88 GG)
   - EU-Bürger erhalten bei Kommunalwahlen das Wahlrecht (Art. 28 Abs. 1 GG)
9. **27.10.1994:** Tatsächliche Durchsetzung der Gleichberechtigung (Anpassung von Art. 3 GG)
10. **26.07.2002:** Staatsziel: Umwelt- und Tierschutz (Art. 20a GG)
11. **01.09.2006:** Föderalismusreform (insgesamt werden 19 Artikel geändert; u.a. Art. 22: Hauptstadt der BRD ist Berlin)

Seite 45

3. Medien – Mittler oder Macher?

!

Die Medien spielen im politischen Prozess eine tragende Rolle: Einerseits wird die Politik über die Medien vermittelt, andererseits sind sie für die Bürgerinnen und Bürger ein zentraler Faktor der politischen Meinungs- und Willensbildung. Alles, was die Bürgerinnen und Bürger über die Politik wissen, erfahren sie durch die Medien. Die Medien sind Träger der politischen Kommunikation, erst durch sie erfahren die Bürgerinnen und Bürger von politischen Entscheidungen in den Regierungen und Parlamenten, können sich Opposition, politische Parteien und Verbände und zivilgesellschaftliche Organisationen an den Entscheidungen beteiligen und kann schließlich auch Kontrolle ausgeübt werden.
Politische Partizipation ist erst durch Information möglich. Die Fähigkeit, sich selbständig zu informieren und diese Informationen kritisch zu reflektieren, ist somit eine Grundvoraussetzung für politisches Urteilen und Handeln.

Folgende Kompetenzen sollen in Kapitel 3 vermittelt werden:

Sachkompetenzen	▪ Funktionen der Massenmedien als integraler Bestandteil pluralistischer Demokratien beschreiben können ▪ Chancen und Risiken der politischen Partizipation durch die digitalen Medien darstellen können
Methodenkompetenzen	▪ Bilder als Medien der visuellen politischen Kommunikation begreifen und ihre ▪ Wirkungsweise zwischen Information und Inszenierung analysieren können
Urteilskompetenzen	▪ die Bedeutung der Presse- und Meinungsfreiheit in demokratischen Staaten beurteilen können ▪ das Verhältnis zwischen Medien und Politik beurteilen können ▪ die Gefahr der Medienkonzentration für die Meinungsvielfalt beurteilen

Seite 47

3.1 Die Funktionen der Medien in der Demokratie

!

Das Unterkapitel thematisiert die klassischen Aufgaben der Medien in demokratisch verfassten Staaten (Information, Mitwirkung bei der politischen Meinungsbildung, Kritik und Kontrolle) und weist auf die grundlegende Bedeutung der Pressefreiheit hin. Darüber hinaus werden weitere Materialien angeboten, die die Rolle der Medien bei der Festlegung der Themen im öffentlichen Diskurs verdeutlichen. Umgekehrt versuchen Regierung, Opposition, Verbände und Parteien oder auch die zivilgesellschaftlichen Gruppen, durch ihre umfangreiche Öffentlichkeitsarbeit den Prozess der Themensetzung und Meinungsbildung zu beeinflussen. Dass insbesondere die Politiker dazu neigen, das Interesse der Medien auf sich zu ziehen und sich dabei den Gesetzlichkeiten der Medienwelt unterwerfen, zeigt der kurze Auszug aus dem Interview mit Ex-Außenminister Fischer (M 8). Die Politik wird als Schauspiel inszeniert und symbolische Politik tritt an die Stelle realen politischen Handelns. Legendär wurde dafür beispielsweise der Sprung des ehemaligen Bundesumweltministers Klaus Töpfer in den Rhein. Ein anderes Beispiel ist der Besuch Angela Merkels 2007 in Grönland,

als sie sich dort über das Ausmaß des Klimawandels informierte und im Parka vor Eisbergen ablichten ließ.
Ein gutes Beispiel inszenierter Politik ist auch der Wahlkampfauftritt Barack Obamas 2008 in Berlin (vgl. Bild S. 53 im Schülerbuch). Obama suchte sich die Berliner Siegessäule als Bühne für einen Wahlkampfauftritt und knüpfte damit ganz bewusst an den legendären Berlinbesuch J.F. Kennedys im Jahr 1963 an.
Die Begriffe Infotainment bzw. Politainment (Infobox) sollen auf die Tendenz aufmerksam machen, dass Politik in den Medien immer häufiger in Unterhaltungsformen dargeboten wird und Politiker sehr gerne in Unterhaltungssendungen auftreten, um sich und ihre Politik zu vermarkten. So hatte beispielsweise Guido Westerwelle keine Hemmungen, den Big-Brother-Container zu besuchen, Gerhard Schröder, Manfred Stolpe und Klaus Wowereit hatten Kurzauftritte in der RTL-Soap „Gute Zeiten schlechte Zeiten" und Christian Wulff (CDU), Karl-Theodor zu Guttenberg (CSU) und Franz Müntefering (SPD) sowie Guido Westerwelle (FDP), Jürgen Trittin (Bündnis 90/Die Grünen), und Gregor Gysi (Die Linke) traten kurz vor der Bundestagwahl 2009 in einer RTL-Show von Stefan Raab auf.
Die Theorien zum Verhältnis zwischen Politik und Medien werden im Material M 9 kurz zusammengefasst.
M 3 verdeutlicht, dass die Qualität einer Demokratie in ganz entscheidendem Maße von freier politischer Kommunikation und dem ungehinderten Wirken der Medien abhängig ist. Die Pressefreiheit ist ein urdemokratisches Gut, denn ohne die Meinungs- und Informationsfreiheit gibt es keine mündigen Bürgerinnen und Bürger. International ist es teilweise schlecht um die Pressefreiheit bestellt, wie traurige Beispiele aus vielen Ländern immer wieder unter Beweis stellen. Aber auch in Deutschland gilt es, das durch das Grundgesetz garantierte Grundrecht auf Presse- und Meinungsfreiheit immer wieder neu zu verteidigen.

Lösungsvorschlag zu den Aufgaben

Seite 48

✓

1. Medien – Zahlen und Fakten
Die Aufgabe kann als Einstiegsfrage gestellt werden und einen ersten Gesprächsanlass zum Thema bieten.

2. Funktionen von Massenmedien in der Demokratie
Die Schüler sollen auf der Grundlage des Textes die wesentlichen Funktionen der Medien mit eigenen Worten erläutern, dabei sollten sie deutlich herausstellen, dass
- sich in den Medien die öffentliche Meinung ebenso wie die Politik artikuliert,
- die Medien den Bürgerinnen und Bürgern die politische Beurteilung und Entscheidung erleichtern;
- die Medien die Träger der politischen Macht ebenso wie Parteien oder Verbände kritisieren und kontrollieren;
- viele Missstände erst durch die Presse und die Medien aufgedeckt werden können.

3. Überschriften aus Tageszeitungen sammeln und Funktionsbereichen zuordnen
Wichtiger als die bloße Erläuterung ist es, die Funktionen an einzelnen Beispielen aus dem konkreten politischen Tagesgeschehen nachzuvollziehen.

4. Defizite in einzelnen Funktionsbereichen
   - Erfahrungsgemäß fällt es den Schülerinnen und Schülern nicht immer leicht, die Kontrolle- und Kritikfunktion der Medien zu beurteilen, weil sie das politische Tagesgeschehen in der Regel nicht auf der Grundlage der Tagespresse oder des Fernsehens regelmäßig verfolgen. Deshalb sehen sie hier zumeist auch Defizite. Diese können durch Beispiele, die die Kontrollfunktion der Medien offenlegen, verdeutlich werden. Vgl. dazu M 4, S. 50, Aufgabe 2

   Eine weitergehende Diskussion der Funktionen könnte folgende Thesen berücksichtigen:
   - Die Medien dramatisieren unbedeutende Sachverhalte und Ereignisse.
   - Die Medien verbreiten fast ausschließlich negative Meldungen.
   - Die Medien vereinfachen komplexe Sachverhalte häufig in unzulässiger Weise.

Seite 50

Lösungsvorschlag zu den Aufgaben

1. Argumente für die Meinungs- und Pressefreiheit
   Die Meinungs-, Informations- und Pressefreiheit gehören zu den demokratischen Bürgerechten und sind Bestandteil des Grundrechtskatalogs des Grundgesetzes. Mit diesen Freiheitsrechten wird sichergestellt, dass die Bürgerinnen und Bürger ihre Meinung frei zum Ausdruck bringen und sich ihre Information beschaffen können, wo sie wollen. Wie alle anderen Grundrechte schützt auch Artikel 5 die Bürgerinnen und Bürger vor staatlichen Eingriffen. Staatliche Überwachung und Zensur von Veröffentlichungen sind verboten, denn diese würden die freie Meinungsbildung einschränken. Artikel 5 schützt aber auch den Einzelnen vor der Macht der Medien. So stehen Verleumdungen und Beleidigungen unter Strafe. Als äußerst schwierig erweist sich aber immer wieder die Abwägung zwischen der Freiheit der Berichterstattung einerseits und dem Schutz der Persönlichkeit (Wahrung der Privat- und Intimsphäre, Recht am eigenen Bild) andererseits. Bei unrichtigen Behauptungen sind die Medien verpflichtet, Gegendarstellungen zu erlauben. Dies gilt jedoch nicht bei Meinungsäußerungen und Werturteilen.
   Wichtig ist es, in diesem Zusammenhang auf den Umgang mit der Pressefreiheit z.B. in der Zeit des Nationalsozialismus, der DDR und aktuell weltweit einzugehen. In der Tagespresse finden sich ständig Hinweise auf die Einschränkung der Pressefreiheit in nichtdemokratischen Staaten. Dass die Bundesrepublik im internationalen Vergleich nicht ganz vorne rangiert (M 3), wird die Schülerinnen und Schüler verwundern und sollte Anlass für eigene Recherchen und Vertiefungen bieten.
2. Recherche über den Wächterpreis
   Vgl. dazu auch die Ausführungen zu Aufgabe 4, S. 48

Seite 52

Lösungsvorschlag zu den Aufgaben

1. Ursachen und Bedingungen für das „Agenda Setting"
   M6 verdeutlich an einem Beispiel, wie ein Thema auf die politische Agenda gesetzt wurde. Das Thema Rechtsextremismus wurde zu einem „politischen Thema" und zum Gegenstand der öffentlichen Wahrnehmung, weil der damalige Bundeskanzler sich dem Thema gemeinsam mit den Medien annahm und das Thema auf diese Weise Medienpräsenz erlangte.
2. Unterschied zwischen Medienrealität und Wirklichkeit
   Unter Medienrealität versteht man den von den Medien ausgewählten und konstruierten Bereich der Wirklichkeit, die neben der erfahrbaren Realität steht, die für das Individuum nur einen geringen Teil der Wirklichkeit ausmacht. Man geht davon aus, dass unser Bild von der Wirklichkeit zu max. 10% der eigenen Anschauung und Erfahrung entspringt. Die Medien

haben im vorliegenden Fall aus der Vielzahl der Ereignisse, die täglich passieren und auch am 03. Oktober 2000 passierten, ein Ereignis ausgewählt und in den Medien präsentiert. Die Auswahl des Brandanschlags auf eine Düsseldorfer Synagoge erfolgte auf der Grundlage journalistischer Selektionsmechanismen und wurde durch die Präsenz des Bundeskanzlers (Personalisierung) am Ort des Geschehens unterstützt.

3. Typische Merkmale von Medien konstruierter Realität
Personalisierung, Prominenz; (geographische) Nähe; Konflikte
Weitere Faktoren könnten im Unterrichtsgespräch ergänzt werden: Neuigkeit; Überraschung; Kuriosität; Dramatik; Tragweite / Bedeutsamkeit; Skandal

Lösungsvorschlag zu den Aufgaben

Seite 54

✓

1. Medienpräsenz der Politikerinnen und Politiker
Die Medienpräsenz der Politikerinnen und Politiker unterliegt einer Eigenlogik. Sie müssen sich den Medien beugen, um dort auch präsent sein zu können. Sie befinden sich häufig im „Zangengriff" der Medien, wobei aber die Frage, ob die Medien die Bedingungen im Prozess der politischen Kommunikation diktieren oder ob es der Politik ihrerseits gelingt, die Medien im eigenen Interesse zu steuern, nicht eindeutig zu beantworten ist. Deshalb hat sich der Begriff der „Mediatisierung der Politik" mittlerweile durchgesetzt.

2. Zusammenhang von Inszenierung der Politik und Politikverdrossenheit
Impuls für die Diskussion: Politiker stellen sehr oft in den Medien populäre Problemlösungen komplexer Probleme in Aussicht, die sich nicht realisieren lassen, über das Ausbleiben von Problemlösungen wird dann kritisch berichtet. Das stimmt die Bürgerinnen und Bürger Politik verdrossen. Viele Bürgerinnen und Bürger empfinden darüber hinaus die Medienpräsenz und Selbstinszenierung vieler Politikerinnen und Politiker als anbiedernd und abschreckend.

3. Beziehungen zwischen Politik und Medien – vier Ansätze

Argumente für das Gewaltenteilungsparadigma

- Art 5 GG regelt eindeutig das Recht auf freie Meinungsäußerung in Wort und Schrift. Zudem wird durch Absatz 2 die Pressefreiheit klar artikuliert, was eine klare Abgrenzung von den klassischen Gewalten (Judikative, Exekutive, Legislative) darstellt.
- Infotainment und Politainment sind mediale Formen, die in den letzten Jahren vermehrt zum Einsatz gekommen sind. Beispielhaft könnten hier die TV-Duelle der Spitzenpolitiker vor bedeutenden Wahlen genannt werden. Medien entscheiden daher als „vierte Gewalt", welche Partei sich einem TV-Duell stellen und damit vor einem großen Publikum behaupten darf. Guido Westerwelle forderte sowohl 2005 als auch 2009 vergebens die Teilnahme an den TV-Duellen.

Argumente für den Instrumentalisierungsansatz

- PR-Manager, Spin-Doctors oder Öffentlichkeitsreferenten der Parteien werden daran gemessen, wie sie politische Inhalte möglichst oft publikumswirksam medial platzieren. Die „Spielregeln" der Medien werden dafür bewusst in Anspruch genommen. Gerne engagieren Politiker ihre Regierungssprecher aus den Medien (Peter Boenisch als Regierungssprecher für Helmut Kohl, Bela Anda als Regierungssprecher für Gerhard Schröder – beide Sprecher waren beim Axel-Springer-Konzern beschäftigt oder Steffen Seibert als Regierungssprecher für Angela Merkel).
- M6 beschreibt, wie Politiker sich die Medien zunutze machen. Weitere Beispiele wären: Guido Westerwelles Besuch im Big-Brother-Haus; Merkels Grönland Besuch.
- Politiker und nicht die Medien entscheiden, ob es zu einem Interview kommt oder nicht. So hat Helmut Kohl beispielsweise dem Nachrichtenmagazin Spiegel bis heute kein einziges Interview gegeben – und ist trotzdem sehr erfolgreich gewesen.

Argumente für den Dependenzansatz

- Medien entscheiden darüber, ob Politikern eine Plattform für ihre politischen Inhalte gegeben wird. Der ehemalige Bundeskanzler Schröder soll gesagt haben: „Zum Regieren brauche ich nur Bild, BamS (Bild am Sonntag) und Glotze." Und bestätige damit indirekt seine Abhängigkeit von diesen Medien.
- Die Art und Weise der Berichterstattung in den Medien kann entscheidend sein: Rudolf Scharpings Bilder im Swimming-Pool im Jahr 2001 in der Zeitschrift „Bunte" führte u.a. letztlich in die Verabschiedung als Verteidigungsminister.

Argumente für den Interdependenzansatz

- Hier bietet es sich an, die Argumente für den Instrumentalisierungsansatz und den Dependenzansatz gegeneinander abzuwägen

Seite 54

Zusatzmaterial zu M 6 – M 8: Die Inszenierung der Politik für die Medien

+

[Die] Orientierung an der Logik der Medien hat der Politik den Vorwurf eingebracht, alles sei inszeniert: Erst recht der Fernsehzuschauer wird der Eindruck nicht los, dass die Art und Weise wie sich Politik präsentiert, nur dazu dient, die Aufmerksamkeit der Medien zu erreichen. [...] Es ist allerdings zu fragen, ob das eigentlich geht: Vermittlung von Politik ohne Inszenierung? [...] Wir bedienen uns hier eines Begriffs aus der Welt des Theaters. [...] Das heißt, jeder Einzelne stellt sich im Umgang mit anderen stets auf eine besondere Weise dar, verkörpert eine bestimmte Rolle, will ein bestimmtes Bild von sich vermitteln. Solcherlei Inszenierung der Selbstdarstellung [...] erfüllt spezifische Funktionen und zielt auf spezifische Effekte, steht aber damit zugleich in einem Spannungsverhältnis zu Authentizität. Genau darauf richten sich dann auch die Vorwürfe, wenn es heißt: Es ist doch alles nur inszeniert. Inszenierung von Politik bedeutet also, vorne auf der Bühne wird etwas anderes dargestellt als sich hinter den Kulissen abspielt. Das meint auch die Unterscheidung von Entscheidungs- und Darstellungspolitik: Die Verhandlung politischer Probleme und die Entscheidung über Lösungen sind eine Sache, ob und in welcher Weise Prozess und Ergebnis nach außen dargestellt werden, eine andere. Mittlerweile gehen wir aber davon aus, dass Entscheidungs- und Darstellungspolitik nicht mehr so sauber voneinander zu trennen sind, sondern miteinander verschwimmen [...].

In Anbetracht der Abhängigkeit der Politik von der medialen Vermittlung und angesichts der gesellschaftlichen Veränderungen, die den Wähler so unberechenbar gemacht haben, ist zu folgern, dass die Selbstdarstellung der Politik ohne Inszenierung nicht auskommt. Wegen der großen Bedeutung, die die Politik dem Fernsehen zuweist, orientiert sich die Inszenierung vorrangig an dem audiovisuellen Medium und seinen Gesetzen. Bei aller Abhängigkeit von den Medien versucht die Politik dennoch, weitgehend selbst zu bestimmen, wie sie dargestellt wird. Um das zu erreichen, engagiert die Politik Verkaufsprofis, die das Marketing beherrschen und die Chance erhöhen, dass Politik in den Medien so dargestellt wird, wie sie sich selber präsentiert, oder anders ausgedrückt, um die Wahrscheinlichkeit einer Bearbeitung und damit das Risiko einer Verzerrung durch die Medien zu minimieren. Die Inszenierung balanciert zwischen Show und Authentizität bzw. zwischen Glaubwürdigkeit und Unglaubwürdigkeit.

Christina Holtz-Bacha, Die Inszenierung der Politik für die Medien, in: Polis. Report der deutschen Vereinigung für Politische Bildung Heft 3 (2007), S. 14f.

Zusatzmaterial zu M 3 – M 4: Karlsruhe stärkt die Pressefreiheit

Seite 54

„Das ist eine Entscheidung für die Pressefreiheit in Deutschland", feierte der Chefredakteur von *Cicero*, Wolfram Weimer, am Dienstag seinen Erfolg vor dem Bundesverfassungsgericht. (…) Denn das Bundesverfassungsgericht in Karlsruhe hat am Dienstag, 27.02.2007 entschieden, dass allein die Veröffentlichung geheimer staatlicher Unterlagen keine Durchsuchung rechtfertigt. Nur wenn es zureichende Anhaltspunkte dafür gibt, dass ein Journalist Beihilfe zum Geheimnisverrat leistete und sich somit selbst strafbar machte, darf die Polizei in Redaktionsräume eindringen. Mit dem Karlsruher Urteilsspruch steht fest, dass die Durchsuchungsaktion bei *Cicero* im September 2005 verfassungswidrig war.

Das Monatsmagazin hatte zuvor Teile eines vertraulichen Berichts des Bundeskriminalamts (BKA) über den islamistischen Terroristen Abu Mousab al Zarqawi veröffentlicht. Wer dem Magazin das Dokument zuspielte, konnte nicht ermittelt werden. Um an den Informanten heranzukommen, wurde im September 2005 eine Durchsuchung der Redaktionsräume in Potsdam angeordnet und die Festplatte eines Computers kopiert. Das Strafverfahren gegen Chefredakteur Wolfram Weimer wurde später gegen die Zahlung von 1000 Euro eingestellt.

Die Karlsruher Richter stellen jetzt in ihrem 40-seitigen Urteil klar, dass die Staatsanwaltschaft nicht über den Umweg der Redaktionsdurchsuchung versuchen darf, an den Informanten heranzukommen. Das *Spiegel*-Urteil von 1966 wurde vom Ersten Senat ausdrücklich bestätigt. Danach sind „Durchsuchungen und Beschlagnahmen in einem Ermittlungsverfahren gegen Presseangehörige (…) verfassungsrechtlich unzulässig, wenn sie ausschließlich oder vorwiegend dem Zweck dienen, die Person des Informanten zu ermitteln."

Ursula Knapp, Karlsruhe stärkt die Pressefreiheit, in: Frankfurter Rundschau vom 28.02.2007.

Lösungsvorschlag zu den Aufgaben

Seite 56

Mögliche Aussagenabsichten zu den Beispielbildern:

- Der Verteidigungsminister Karl Theodor zu Guttenberg ist weltoffen und ohne Berührungsängste: In der Weltstadt New York kauft er bei einem Straßenhändler „halal food", also ein Gericht, in diesem Fall Fastfood, das nach dem islamischen Regeln „rein" ist.
- Der damalige Kanzlerkandidat Frank Walter Steinmeier hat den „Überblick" und weiß auch im Urlaub, „wo es lang geht".
- Guido Westerwelle kann Jung und Alt begeistern.
- Bundeskanzlerin Merkel schreitet zielstrebig und energisch voran.

Seite 59

!

3.2 Demokratie und Partizipation im Informationszeitalter

Nach dem Siegeszug der „neuen" digitalen Medien in den 1990er Jahren ging man vielfach davon aus, dass diese auch nachhaltige Auswirkungen auf die Politik haben werden, und so verbanden sich mit den Begriffen wie „Cyberdemokratie", „E-Democracy", „virtuelle" oder „digitale" Demokratie Visionen vom Anbruch eines neuen Zeitalters. Vom Medium Internet, dem „demokratischsten aller Medien", versprach man sich nicht nur eine neue Form der Demokratie, sondern auch „mehr Demokratie", an der alle Bürgerinnen und Bürger zu jeder Zeit teilhaben können. Aber der prognostizierte fundamentale Wandel der politischen Öffentlichkeit fand zumindest in der Bundesrepublik bislang noch nicht statt, wenngleich das Internet zum wichtigen Bestandteil des Politikprozesses mit neuen Kommunikations- und Informationsmöglichkeiten geworden ist. (M 4)

Für die heutige Schülergeneration bzw. die Generation der jungen Erwachsenen, die mit dem „Web 2.0" groß geworden sind und deshalb gerne auch als „Digital Natives" oder „Generation Internet" bezeichnet werden, ist ein Leben ohne Internet nicht mehr vorstellbar. Sie nutzen vor allem die sozialen Netzwerke (z.B. SchülerVZ, Facebook usw.), Videoportale (z.B. YouTube, MyVideo usw.) oder das nahezu unendliche Informationsangebot im Internet, beteiligen sich aber wenig an anderen interaktiven Angeboten wie z.B. Blogs oder Wikis (z.B. wikileaks), die auch ein Mehr an politischer Kommunikation und Partizipation ermöglichen.

M 2 und M 3 zeigen auf, wie zwei klassische Partizipationsmöglichkeiten, Wahlen und das Petitionsrecht, mittlerweile in der virtuellen Welt möglich sind. M 4 zeigt am Beispiel des Portals abgeordnetenwatch.de die Möglichkeiten direkter politischer Kommunikation mit den gewählten Abgeordneten auf. Darüber hinaus kann in diesem Portal z.B. das Abstimmungsverhalten beobachten, Informationen zum Wahlrecht und Gesetzgebungsverfahren auf Landes,- Bundes- und Europaebene erhalten.

Lohnenswert ist es beispielsweise, mit dem Kurs in die Kommunikation mit einzelnen Abgeordneten, dem Wahlkreisabgeordneten o.a. über ein aktuelles politisches Thema einzutreten.

Die Texte von M 5 bieten die Möglichkeiten, die Chancen des Internet für die politische Kommunikation abzuwägen und zu diskutieren.

Seite 62

✓

Lösungsvorschlag zu den Aufgaben

1. These: Das Internet ist das „demokratischste Medium"

Pro:

- Transparenz der politischen Kommunikation wird erhöht.
- Die Kommunikation wird deutlich beschleunigt.
- Möglichkeiten der politischen Information haben sich um ein Vielfaches erhöht.
- Fast alle Gesetzestexte, Bundestagsdokumente oder Stadtratsvorlagen lassen sich mittlerweile im Netz einsehen.
- Regierung und Opposition stellen ihre politischen Vorhaben im Internet zur Diskussion.
- Jeder kann sich „einmischen" und politisch betätigen, unabhängig vom Einkommen, sozialem Stand, Beziehungsnetz usw.
- Man kann seine Meinung äußern, ohne Angst vor Repressalien haben zu müssen.
- Man kann sich schneller Mehrheiten für eine bestimmte Meinung organisieren als dies auf „herkömmlichem Wege" möglich ist.

- Die Formen der e-Demokratie (Online-Wahlen, Online-Petitionen, Online-Kampagnen) setzen die Hemmschwelle herab, sich politisch zu betätigen.
  Z.B. hat der „Internet-Wahlkampf", den Barack Obama im Jahr 2008 in einem bislang nie dagewesenen Ausmaß betrieben hat, dazu geführt, dass sich in den USA so viele Menschen wie seit 100 Jahren nicht mehr, an den Präsidentschaftswahlen – „in der realen Welt" – beteiligt haben.

Kontra:

- Starken Lobbygruppen gelingt es immer wieder, (auch im Internet) Trends und öffentlichen Druck zu erzeugen, auch dafür ist der US-Präsidentschaftswahl ein Beispiel
- Es gibt hinlänglich viele Beispiele, dass insbesondere rechtsextreme Gruppierungen das Internet dazu missbrauchen, sich zu vernetzen und ihre Propaganda zu verbreiten
- Auch wenn die Internetnutzung in den letzten Jahren kontinuierlich angestiegen ist, sind nach wie vor viele Menschen von der Nutzung des Mediums ausgeschlossen (z.B. aufgrund ihrer finanziellen Möglichkeiten, ihrer Bildungsvoraussetzungen, ihres Alters usw.) – „digital divide" / „digitale Kluft"
- Viele Datenschutzprobleme im Internet sind nach wie vor ungelöst
- Gerade die Anonymität und fehlende redaktionelle Kontrolle vieler (politischer) Mitmachangebote (v.a. bei Wikis) stellt ein großes Problem dar, denn hier kann viel manipuliert und unkontrollierter Inhalt / Fälschungen veröffentlich werden
- In vielen Foren / Blogs usw. fehlt der Moderator, so dass die Minderheitenmeinung nicht geschützt wird,
- Die Diskussion in vielen Foren / Blogs verläuft vielfach unendlich und vor allem unendlich diffus

Weiterhin sollte in der Diskussion herausgestellt werden, dass die Demokratie das Internet und seine Zukunft erst ermöglicht.

2. Vor- und Nachteile internetbasierter Kontrollmechanismen (z.B. Abgeordnetenwatch)

Vorteile	Nachteile
▪ direkter Kontakt zum Abgeordneten, kein Umweg über Abgeordnetenbüro, Bürgersprechstunde usw. ▪ Abgeordneter hat das „Ohr an den Wählern". ▪ Abstimmungsverhalten / Gesetzgebungsverfahren werden transparenter.	▪ Arbeitsbelastung für die Abgeordneten wird immer größer. ▪ Viele Bürger beherrschen die Regeln der (elektronischen) Kommunikation nicht.

3. Beispiele für die These, dass Bekämpfung journalistischer Arbeit durch das Internet erschwert wird.
M 5b nennt Beispiele aus dem Irak, dem Iran und China. Die Schülerinnen und Schüler können auf die Seite von „Reporter ohne Grenzen" (Vgl. M 3, S. 49) hingewiesen werden, wo immer aktuelle Fälle dokumentiert werden. Hinzuweisen ist auch auf die immer größer werdende Zahl der inhaftierten „Online-Dissidenten" in diesen Ländern. Darüber hinaus sollte im Unterrichtsgespräch auch deutlich werden, dass insbesondere namhafte Softwarehersteller und Internetanbieter (Google, Microsoft) aus wirtschaftlichen Interessen die Einschränkung der Presse- und Meinungsfreiheit unterstützen, indem sie den Zensurwünschen entsprechen. Google überdachte zuletzt im Januar 2010 nach massiven Hacker-Angriffen sein Engagement in China.

4. Diese Aufgabe lässt sich bei anstehenden Landtags- oder Bundestagswahlen aktualisieren und durch weitere Kriterien erweitern.

Seite 62

Zusatzmaterial zu M 1 – M 5: Die inszenierte Meinung

Glaubt man einigen journalistischen Zeitdeutern, dann befinden wir uns mitten in einer dramatischen Zeitenwende auf dem Medienmarkt. Auf dem Spiel stehe, so heißt es in alarmistischen Pamphleten, das Überleben des Qualitätsjournalismus, der die Mächtigen kontrolliert und in der Gesellschaft das vernünftige Gespräch über die zentralen Probleme in Gang hält.

Der Gegner, der hier mit starken kulturpessimistischen Gesten gebannt werden soll, ist das Internet. Seine Sprache sei roh, seine Bilderwelt „ikonographischer Extremismus", der einer „Körperverletzung" gleichkomme und die jungen Menschen, die sich seit ihrer Geburt diesem Medium hingeben, zu sekundären Analphabeten mache. Verantwortungslose Geschäftemacher, die mit Pornographie und anderem Unrat ihr Geld verdienen wollen, träfen sich im Netz mit Egomanen, die die ganze Welt zum Publikum ihrer peinlichen Selbstentblößung machen. Die Fähigkeit, sich per Mausklick am Geschwätz in einem Chatroom zu beteiligen oder einen infamen Leserkommentar auf die Interseiten der Zeitungen und Magazine zu setzen, habe nichts mit verantwortungsvoller Teilnahme an der Bildung der öffentlichen Meinung zu tun, so heißt es bei den erbitterten Feinden der chaotischen Netzwelten.

Auf den ersten Blick möchte man den besorgten Internetkritikern zustimmen. All das, was sie an Unerfreulichem, Abstoßendem und auch Kriminellem erwähnen, gibt es im weltweiten Netz, in Nischen und oft auch erschreckend einfach zu finden. Aber ist das wirklich schon ein Angriff auf die Grundlagen abendländischer Kultur und Gesittung, wie es kürzlich in einem renommierten Feuilleton hieß? Liegen nicht auch in jedem Bahnhofskiosk Blätter nebeneinander, die sich in ihrer kulturellen und moralischen Qualität fundamental unterscheiden? Verletzt Deutschlands größtes Massenblatt nicht mit Kalkül immer wieder nicht bloß die professionellen Standards, sondern auch elementare Regeln des Anstands? Offenbar haben die schreibenden Kollegen, die sich derzeit so mühen, das Internet zum großen gesellschaftlichen Gesamtschuldner zu erklären, einen blinden Fleck in ihrer Wahrnehmung, der sie überscharf jeden Dreck im neuen Medium sehen lässt, während der desolate Zustand alter Medien ausgeblendet bleibt.

Man braucht dabei gar nicht nur an die wüste Boulevardpresse zu denken, sondern muss sich nur erinnern, welcher Wandel sich in den letzten Jahren auch in der Berichterstattung jener Zeitungen vollzog, die sich jetzt als Leitmedien des Qualitätsjournalismus in Szene setzen möchten. Da wurde ein Roman Martin Walsers mit den fadenscheinigsten Gründen für antisemitisch erklärt, um ein paar Wochen die Diskurshoheit auf dem Jahrmarkt der Feuilleton-Eitelkeiten zu erreichen. Wo es beim Zeitungsmachen vor allem um „inszenatorisches Denken" ankommt, das die Ereignisse der als Berichterstattung getarnten Empörungs- und Krawallkommunikation selber schafft, da haben längst Prinzipien des Sensationsjournalismus im hochfeinen Feuilleton Einzug gehalten. Sie werden dort auch offen gerechtfertigt: „Manche Themen haben erst dann eine Chance, sachgemäß debattiert zu werden, wenn ein boulevardesker Zungenschlag einkehrt", liest man in der Zeitung, deren Herausgeber gegen die Bedrohung journalistischer Sitten zu Felde zieht. Entsprechend sehen die sogenannten Feuilletondebatten auch aus, die das Land periodisch erschüttern.

Das aktuelle Getöse gegen das Böse, das aus dem Internet kommt, ist verlogen. Den Lautsprechern dieses Feldzugs geht es in Wirklichkeit darum, auf einem Medienmarkt, in dem ihre Zeitungen immer mehr an Glaubwürdigkeit und Aufmerksamkeit auch durch eigenes Versagen verloren haben, die alte Autorität, ihr Monopol auf Information und Deutung wieder herzustellen. Sie träumen öffentlich davon, dass ihre Blätter den Menschen wieder verbindlich sagen, was in der Welt geschehen ist und was sie davon zu halten haben. Sie wollen nicht wahrhaben, dass ein immer noch wachsender Teil des Publikums keine Lust mehr hat auf die Inszenierungen publizistischer Meisterdenker. Sie werden sich daran gewöhnen müssen, dass mit dem Internet die Grenzen der Öffentlichkeit neu gezogen worden sind und dass mehr Menschen Zutritt dazu haben, darunter auch solche, die manchmal mit ungewaschenem Maul reden. Um damit fertig zu werden, reichen die bestehenden Gesetze und die selbstkritische Aufmerksamkeit in den neuen Kommunikationsgemeinschaften schon aus. Anmaßende Vormünder dagegen, die von „Qualität" reden, aber eigene Macht meinen, sind überflüssig.

Heribert Seifert, Die inszenierte Meinung – Presse versus Internet, in: Deutschlandrado http://www.dradio.de/dkultur/sendungen/politischesfeuilleton/738152/2008, Abruf 12.01.2010.

3.3 Medien zwischen Markt und Politik

Seite 64

!

Das Kapitel beschäftigt sich mit dem „Spagat", den die Medien zwischen den wirtschaftlichen Interessen der Verlagshäuser einerseits und ihrem politischen Anspruch bzw. ihrer politischen Bedeutung andererseits erbringen müssen. Die zunehmende Bedeutung der ökonomischen Interessen im Medienbereich wird hier am Beispiel der Printmedien (Zeitung) und der Konzentrationsprozesse (Bertelsmann) verdeutlicht. Die privatwirtschaftlichen Printmedien müssen sich in weit größerem Ausmaß den Unternehmerinteressen beugen als beispielsweise die öffentlich-rechtlichen Rundfunkanstalten. Darüber hinaus müssen sie der zunehmenden Konkurrenz durch das Internet standhalten.
Der Kampf um die Einschaltquoten bei den öffentlich-rechtlichen und privaten Rundfunkanstalten und seine Auswirkungen auf die Programmgestaltung wird im Kapitel nicht berücksichtigt, sollte aber im Unterricht angesprochen werden.

Lösungsvorschlag zu den Aufgaben

Seite 66

✓

1. Ökonomische Lage auf dem Zeitungsmarkt und deren Auswirkung auf die journalistische Arbeit
M 1 stellt das so genannte „Zeitungssterben" in Deutschland graphisch dar. Deutlich werden sollte, dass innerhalb von 16 Jahren das Angebot auf dem Tageszeitungsmarkt von 426 auf 375 zurückging, das entspricht einem Prozentsatz von ca. 12%. Gleichzeitig gingen die Auflagenzahlen deutlich zurück, sowohl bei allen Zeitungen insgesamt (M 1) als auch bei den einzelnen Erzeugnissen (M 2)
Die Folgen des Zeitungssterben sind vor allem der Stellenabbau in den Redaktionen, die Kürzung der Gehälter und Honorare der Journalisten und übrigen Verlagsmitarbeiter, die Ausweitung der Werbung in den Blättern, Zusammenlegen von Redaktionen, ein zunehmender Konzentrationsprozess (Monopolstellung einiger Blätter in einigen Städten und Regionen), der Rückgang des pluralistischen Journalismus, die Qualität der Recherche, immer häufiger werden nur noch Agenturmeldungen nachgedruckt. Hinzu kommt, dass die Blätter insgesamt deutlich dünner wurden, was die Schülerinnen und Schüler den Materialien allerdings nicht entnehmen können, aber am Beispiel der überregionalen Tageszeitungen (vor allem Frankfurter Rundschau, Süddeutsche Zeitung) verdeutlicht werden könnte.

2. Rolle der Medien in der Demokratie angesichts des Sparzwangs in den Verlagen
Wenn nur noch Agenturmeldungen in den Zeitungen Verbreitung finden, können die Medien ihrer Kontrollfunktion nicht mehr im vollen Umfang gerecht werden, Recherchen sind teuer und zeitaufwändig, die Informations- und Meinungsbildungsfunktion ist dadurch ebenfalls eingeschränkt, weil hier nicht mehr der Pluralismus der Meinungen zum Tragen kommt.

Seite 66

Zusatzmaterial zu M 1 – M 4: Deutschland, entblättert

Als Zarnekow sich im Gemeindesaal umblickt, entweicht seinen Lippen ein Pfiff: keine Konkurrenz. Alles wie immer. Im Gemeindehaus von Anklam ist die Stuhlreihe für Journalisten wieder einmal verwaist. Zarnekow schlägt seinen Block auf. Am runden Holztisch vor ihm werden die Stadtvertreter gleich über Neuwahlen abstimmen. Der Bürgermeister ist suspendiert, weil die Staatsanwaltschaft gegen ihn wegen Korruptionsverdachts ermittelt. Trotzdem ist Hartmut Zarnekow vom *Nordkurier* allein hier. Kein Radioreporter, keiner vom Fernsehen. Niemand. Im Gemeindehaus ergreift der Fraktionschef der NPD das Wort: »Ich erwarte lückenlose Aufklärung, meine Damen und Herren!« (...) Die NPD ist hier so stark wie die SPD. Die stärkste Fraktion aber ist eine Partei lokaler Unternehmer, die auch den Bürgermeister stellt. Das ist 17389 Anklam, ein Ort am äußersten Zipfel Mecklenburg-Vorpommerns. Am Rand der Demokratie.

Der *Nordkurier* aus dem Neubrandenburger Kurierverlag ist in Anklam die letzte unabhängige Nachrichtenquelle vor Ort. Die Konkurrenz, die *Ostseezeitung*, hat vor vier Jahren ihr Büro geschlossen – weil es dem Ostseezeitung-Verlag zu teuer wurde. Nur der *Anklamer Bote* ist auf Wachstumskurs. Inzwischen gibt es auch den *Greifswalder Boten*, den *Boten für Usedom*, den *Stralsunder Boten*. Wie der *Anklamer Bote* alles Gratisblätter einer NPD-nahen Initiative.

Hartmut Zarnekow und seine drei Kollegen sind die letzten Überlebenden der bürgerlichen Öffentlichkeit in Anklam.

»Die Verdichtung ist schon enorm«, flüstert Zarnekow in seiner Stuhlreihe, während er sich Notizen macht. Hartmut Zarnekow: 52 Jahre, eine Brille mit bunten Bügeln, Jeanshemd, Jeans und Turnschuhe. Rasierapparat und Aftershave auf dem Beifahrersitz seines Autos. 60-Stunden-Woche und fünf Artikel am Tag. (...)

Die Rechtsradikalen, die neulich Plakatkleber von der FDP verprügelten? »Müsst' man mal was drüber machen«, murmelt Zarnekow – »nur wann?« Die geschäftlichen Verwicklungen der Unternehmerpartei? »Hör'n Se uff!« Zarnekow winkt resigniert ab. Der suspendierte Bürgermeister wird sich wieder zur Wahl stellen. Er ist haushoher Favorit. (...)

Etwas Grundlegendes geschieht, nicht nur in Anklam, sondern im ganzen Land. (...) Die deutschen Tageszeitungen haben innerhalb von zehn Jahren fünf Millionen Käufer verloren; wegen der Wirtschaftskrise schalten die Unternehmen erheblich weniger Anzeigen, Geld, auf das die Verlage angewiesen sind. Und dann gibt es da dieses Problem.

»Das Internet«, sagt Mathias Döpfner, der Chef des Axel Springer Verlags.

»Das Internet«, sagt der Verleger Hubert Burda, der hinter *Focus* und *Bunte* steht.

»Das Internet«, sagt Bernd Buchholz, der Vorstandschef von Gruner + Jahr, Deutschlands größtem Zeitschriftenverlag. (...)

Nachrichten verbreiten sich nicht mehr über Zeitung und Fernsehen, sie sind einfach überall: bei Google, in Sozialen Netzwerken. (...)Allgemeine Nachrichten sind ein öffentliches Gut geworden. Das gilt vor allem für Politik und Wirtschaft«, sagt der Kölner Verleger Konstantin Neven DuMont. Aber wenn tägliche Nachrichten kaum noch Verkaufswert besitzen – wie finanziert man dann künftig die Qualität einer Zeitung?

Über Generationen hat die Familie DuMont ihren Wohlstand mit Zeitungen und Büchern gemehrt, nun will sie den Umbruch in der Presselandschaft überstehen – indem sie noch tiefer ins Zeitungsgeschäft einsteigt. Den DuMonts gehören inzwischen nicht mehr nur der *Kölner Stadt-Anzeiger* und die *Mitteldeutsche Zeitung*, sondern auch die *Frankfurter Rundschau* und – seit März – die *Berliner Zeitung*.

Anita Blasberg, Götz Hamann, Deutschland entblättert, in: Zeitonline; http://www.zeit.de/2009/49/DOS-Medien, 30.11.2009.

Lösungsvorschlag zu den Aufgaben

Seite 69

✓

1. Aufbau des Bertelsmann-Konzerns

a) Das Schaubild beschreibt den Aufbau der Bertelsmann AG sehr anschaulich. Mit Recht lässt sich von einem Medienkonzern reden, der neben den klassischen Printmedien (Zeitungen, Zeitschriften), AV-Medien (Hörfunk und Fernsehen) und die dazu gehörigen Online-Angebote sowie Buch- und Musikverlagen auch Produktions- und Dienstleistungsunternehmen betreibt. Die Marktmacht des Konzerns wird dann besonders deutlich, wenn man bedenkt, dass er in 69 Ländern agiert.

b) Bedenkenswert ist darüber hinaus, dass sich der Konzern über unterschiedliche Beteiligungsmöglichkeiten im Besitz einiger weniger Personen (Familie Mohn) befindet. Den politischen Einfluss, den die Bertelsmann-Stiftung vor allem im Bereich der Politik-Beratung ausübt, stellt der Text M5 heraus. Hier geht es um das neoliberale Gesellschaftsmodell, welches der Konzern in möglichst vielen Gesellschaftsbereichen durchsetzen möchte: „So wenig Staat wie möglich" (Z. 39f). Durchaus erfolgreich in dieser Hinsicht war die Stiftung beim Umbau des Sozialstaates, den die rot-grüne Bundesregierung seit der Jahrtausendwende forcierte. Im Text werden die so genannten „Hartz-Reformen" angesprochen, ergänzen ließen sich weitere Bereiche, in denen die Politikberatung der Bertelsmann-Stiftung erfolgreich war:

- Hochschulreform und Hochschulranking
- Bildungspolitik (z.B. „Selbständige Schule")
- Gesundheitspolitik (Privatisierung im Krankenhausbereich)
- Privatisierung im kommunalen Verwaltungsbereich (z.B. Public Private Partnership Projekte)

Die Politikberatung durch Consulting-Agenturen und Stiftungen, die in den letzten Jahren deutlich zugenommen hat, ist nicht unproblematisch. Auch wenn sie die öffentliche Hand vorerst entlastet, weil viele politische Entscheidungen Expertentum und Spezialistenwissen voraussetzen und Expertisen viel Geld kosten, so sollte man dem schleichenden Prozess der Entdemokratisierung, der mit dem Einsatz von Politikberatern verbunden ist, kritisch begegnen.

2. Verbot der Übernahme von ProSiebenSat1 durch den Axel-Springer-Konzern

Das Bundeskartellamt hat die Fusion der Bertelmann-Tochter ProSiebenSat1 mit der Axel Springer AG (BILD u.a.) im Jahr 2006 untersagt, weil man eine nicht mehr zu überschauende Marktmacht („Duopol") im Medienbereich und die Einschränkung des Wettbewerbs und somit schwerwiegende Konsequenzen für die Meinungsvielfalt in der Bundesrepublik befürchtete.

Die Schülerinnen und Schüler können die Pressemitteilung des Bundeskartellamtes lesen und die Gründe für die Ablehnung herausarbeiten.

Interessant könnte es für den weiteren Unterrichtsverlauf sein, darzustellen, dass die damaligen Ministerpräsidenten von Bayern und Hessen (Stoiber und Koch) die Entscheidung des Bundeskartellamtes ausdrücklich bedauerten, weil sie internationale Wettbewerbsnachteile für den Standort Deutschland befürchteten.

3. Bearbeitung der Thesen von Jürgen Habermas

- Die Profitorientierung der Medienproduzenten hat in den Ländern, in denen man die Medien vollkommen dem Markt überlassen hat, „politisch-kulturelle Flurschäden" angerichtet.
- Das bundesdeutsche, duale Rundfunksystem und der Informations- und Bildungsauftrag der öffentlich-rechtlichen Rundfunkanstalten haben diesbezüglich Schäden verhindert.
- Die Konsumenten der Produkte auf dem Medienmarkt sind nicht nur Marktteilnehmer, sondern auch Bürger mit einem Recht auf politische und kulturelle Teilhabe.
- Wenn die politische Öffentlichkeit (darunter versteht Habermas eine Öffentlichkeit, in der Journalisten eine gute, informierte und kritische Kontrollinstanz sind) unter dem Druck des Marktes und der Profitinteressen gerät (z.B. weil Journalisten nicht ausreichend Zeit und vor allem keine finanziellen Mittel zur Recherche haben), ist der demokratische Rechtsstaat in Gefahr.
- Die „Qualitätspresse" ist ein öffentliches Gut und muss vom Staat geschützt werden.

Seite 71

4. Interessenverbände: Akteure – Mitspieler – Vetomächte

!

Das Kapitel stellt die Bedeutung und die Probleme der Arbeit der Interessenverbände im politischen Prozess vor. Nach grundlegenden Sachinformationen steht die Frage im Mittelpunkt, unter welchen Bedingungen die legalen Einflussmöglichkeiten der Interessenverbände für Politik und Gesellschaft nützlich sind bzw. unter welchen Bedingungen ihre Aktivitäten auch problematisch für die Demokratie werden können. Materialien und Aufgaben liefern einen Beitrag zum Verständnis des komplexen täglichen Stimmengewirrs in der öffentlichen Diskussion. Dabei wird deutlich, dass die Arbeit der Interessenverbände ein Beweis für umfangreiche Mitwirkungsmöglichkeiten in der Demokratie ist und andererseits Beleg für einen breit gefächerten gesellschaftlichen Pluralismus.
Schließlich soll anhand einer Rede eines Interessenvertreters der kritische Blick auf Selbstverständnis und Selbstdarstellung der Verbände geschärft werden. Dabei sind Strategien und Techniken zu analysieren, mit denen sie sich im politischen Prozess und in der Öffentlichkeit platzieren wollen.

Folgende Kompetenzen sollen in Kapitel 4 vermittelt werden:

Sachkompetenzen	▪ Tätigkeitsfelder, Aktivitäten, Funktionen und Instrumentarien der Interessenverbände kennen ▪ um Chancen und Gefährdungen der Arbeit der Interessenverbände für Gesellschaft und Politik zu wissen
Methodenkompetenzen	▪ Kontroverse Positionen sachgerecht vertreten und Argumente gegeneinander abwägen ▪ Instrumente und Techniken der Selbstdarstellung der Verbände untersuchen und kritisch einzuschätzen lernen
Urteilskompetenzen	▪ Sachlich zutreffende von ideologisch motivierten Einwänden gegen die Arbeit der Verbände unterscheiden ▪ Bedeutung und Nutzen der Interessenverbände für Gesellschaft und Politik einschätzen ▪ Gefährdungen für die Demokratie sachgerecht bewerten

Seite 73

4.1 Aufgaben und Funktionen von Interessenverbänden

!

Das erste Unterkapitel thematisiert die vielfältigen Aufgaben und Funktionen der verschiedenen Interessenverbände. Zunächst werden Unterschiede zwischen Interessen, Verbände und Vereinigungen (M 2) erörtert sowie bestimmte Tätigkeitsfelder (M 3) genannt. Im Anschluss daran lernen die Schülerinnen und Schüler die unterschiedlichen Funktionen und die Einflussmöglichkeiten der Interessenverbände kennen (M 4 – M 5). Mit dem bis hier erworbenen Wissen bietet es sich an, bereits die Aufgaben 1 – 4 auf Seite 76 im Schülerbuch zu bearbeiten. Schließlich endet das Unterkapitel mit einem Ausblick auf Interessenverbände in Europa (M 6).

Lösungsvorschlag zu den Aufgaben

Seite 73

✓

1. Instrumente und Ziele der auf den Bildern dargestellten Aktionen

Bild oben links:	**Instrumente:**	Demonstration mit Plakaten
	Ziele:	Höhere Erlöse für Milchlieferungen
Bild oben rechts:	**Instrumente:**	Gespräche, Konferenzen mit Politikern
	Ziele:	Durchsetzung der Interessen der Energieunternehmen
Bild Mitte links:	**Instrumente:**	Öffentlichkeitswirksame Rede des Verbandsvorsitzenden
	Ziele:	Wahrnehmung der Interessen in der Öffentlichkeit und Politik
Text Mitte rechts:	**Instrumente:**	Vorsprechen von Experten (Verbändevertreter) im Bundestag vor Vertretern der Bundesregierung und der Opposition
	Ziele:	Einflussnahme auf die konkrete Ausgestaltung
Bild unten links:	**Instrumente:**	Demonstration mit Plakaten
	Ziele:	Erzeugung von öffentlichem Druck gegen geplante Einschnitte beim Blindengeld; Einflussnahme auf politische Entscheidungen

2. Chancen für Einflussnahme und Durchsetzung der Interessen

Die auf den Bildern in M1 dargestellten Instrumente können im Hinblick auf den Verbandshintergrund miteinander verglichen werden. Somit wird erkennbar, welche Mittel und dadurch Möglichkeiten verschiedenen Interessengruppen zur Verfügung stehen. In diesem Zusammenhang ist es lohnend zu diskutieren, wie und welche Instrumente für wen den meisten Erfolg versprechen. Folgende Überlegungen können die Diskussion begleiten:

- Der Bauernverband hat seine Mitglieder zu einer Demonstration aufgefordert, um einen höheren Milchpreis durchzusetzen. Wenn man bedenkt, dass es in Deutschland „nur" ca. 370.000 Landwirte gibt, von denen ca. 80 Prozent im Bauernverband engagiert sind, bedarf es eines sehr hohen Verbandsorganisationsgrades, um regelmäßig derart viele Mitglieder zum Demonstrieren zu animieren.
- Die vier größten deutschen Energieunternehmen (E.ON; RWE; EnBW; Vattenfall Europe) besitzen in Deutschland in einer für alle Bürgerinnen und Bürger wichtigen Industriebranche ein Oligopol. Sie erwirtschaften zusammen ca. 80 Prozent des Umsatzes in der Energiebranche. Entsprechend können sie ihre Interessen auf Energiegipfeln vor Vertretern der Bundesregierung vorbringen.
- Die IG-Metall zählt mit über 2.000.000 Mitgliedern zu den größten Gewerkschaften, weshalb eine Rede des Vorsitzenden regelmäßig in den Medien Gehör findet.
- Die Demonstrationen von Blinden bzw. deren Verbänden sind eher mitgliederschwach und haben daher größere Schwierigkeiten, ihre Interessen durchzusetzen.

Seite 76

Lösungsvorschlag zu den Aufgaben

1. Verfassungsrechtliche Grundlagen für das Bestehen und Agieren der Interessenverbände
   Art. 9 Vereinigungsfreiheit mit Detailvorgaben in allen vier Absätzen
   Grundlegend sind ferner:
   Art. 2 (1) GG: Freie Entfaltung der Persönlichkeit
   Art. 5 (GG): Recht der freien Meinungsäußerung
   Art. 8 (1) GG: Versammlungsfreiheit
2. Begriff „Interessenverband"
   Mitgliederorganisation mit dem Ziel, die gemeinsamen Interessen in den politischen Prozess einzubringen und so die Entscheidungen von Parlament und Regierung im Sinne des Verbandes zu beeinflussen.
3. Funktionen von Interessenverbänden
   Beitrag der Interessenverbände zum Funktionieren des politischen Systems, indem sie
   - ihre Interessen formulieren und in den politischen Prozess einfließen lassen
   - die mitunter divergierenden Interessen ihrer Mitglieder bündeln
   - ihren Mitgliedern die Ergebnisse und Entscheidungen der politischen Gremien erläutern
   - und ggf. das erzielte Ergebnis ihnen gegenüber vertreten
4. Recherchearbeit zu einem aktuell diskutierten Thema, zu dem Interessenverbände unterschiedliche Positionen vertreten
5. Probleme für Interessenverbände auf europäischer Ebene:
   - Rechtzeitige Information über Initiativen in EU-Kommission und EU-Verwaltung
   - Abgleichen der verschiedenen nationalen Interessen zu einem Thema
   - Formulierung einer einheitlichen Position gegenüber europäischen Gremien
   - Notwendigkeit eines „Mehrebenenlobbying" auf nationaler und internationaler Ebene
   - Schwer zu durchschauende Entscheidungsfindung auf europäischer Ebene
   - ggf. begrenzte Wirkmöglichkeiten der auf nationaler Ebene funktionierenden Instrumente
   - Einigung auf identifizierbare Ansprechpartner als „europäischer" Interessenvertreter

Seite 78

4.2 Verbände in der Diskussion

Das politische System in Deutschland würde ohne die Interessenverbände nicht funktionieren. Sowohl die Politiker als auch die Lobbyisten sind eingebettet in ein System gegenseitiger Abhängigkeit. Benötigen die einen das Expertenwissen, um realitätsnahe, umsetzbare Gesetze zu machen, sind die anderen darauf angewiesen, Regeln mitzugestalten, um eigene Interessen langfristig durchzusetzen. Ob man von einer „fünften Gewalt" sprechen kann, bzw. inwieweit Lobbyismus eine Gefahr für die Demokratie darstellt, soll dieses Unterkapitel zur Diskussion stellen.

Lösungsvorschlag zu den Aufgaben

Seite 81

✓

1. a) Vorschläge mit dem Ziel einer höheren Transparenz der Kontakte zwischen Wirtschaft und Politik:
- Anzeigepflicht für die Interessenverbände zu Personen und Ausgaben, die mit Lobbyismus zu tun haben
- Rechenschaftspflicht von Agenturen und Anwälten, für welche Verbände/Unternehmen sie im politischen Raum tätig sind
- Verhaltenskodex, ggf. Selbstverpflichtung der Verbände: kein Einsatz von finanziellen Zuwendungen, Dienstleistungen, Geschenken
- verschärfte Anzeigepflicht für Abgeordnete für alle Nebentätigkeiten, jeweils mit Höhe der Einkünfte
- Veröffentlichungspflicht für Verbände über alle Kontakte zu hohen Ministerialbeamten
- kritische Berichterstattung durch die Medien über Einflussnahmen durch Interessenvertreter

b) Maßnahmen zur größeren Resistenz der Politiker gegenüber Lobbyisten:
- höhere Transparenz der Kontakte generell als Schutz (vgl. Vorschläge zu Aufgabe 1a)
- innerparteiliche Kontrolle der Kontakte zu Interessenverbänden durch Offenlegungspflicht
- kritische Wähler und Bürger, öffentliche Nachfrage zu Interessenverquickungen z.B. über www.abgeordnetenwatch.de

2. Pro- und Kontra von EU-Subventionen für schwächere Interessengruppen

Pro	Kontra
▪ Ausgleich der Asymmetrie bei der Wahrnehmung von Interessen mit dem Ziel, ▪ ungleiche Voraussetzungen bei der Interessenwahrnehmung auszugleichen, ▪ schwächeren Interessengruppen professionellen Lobbyismus zu ermöglichen, und ▪ breit gestreute „Bürgerinteressen" (humanitäre Anliegen, Verbraucher-, Umweltthemen) zu stärken ▪ offenere und interaktivere Gestaltung des politischen Prozesses ▪ Verringerung der Kluft zwischen EU und Bürgern ▪ zusätzliches Expertenwissen	▪ Schwierigkeit der Auswahl der Interessen, ▪ ggf. neue Ungerechtigkeiten, da nicht alle Interessengruppen berücksichtigt werden können ▪ Verwendung knapper EU–Mittel für Interessenvertretung ▪ Gefahr der Einflussnahme durch die EU auf die Interessengruppe ▪ Ggf. geringeres Engagement von Interessenvertretern, deren Organisationen von der EU subventioniert werden

3. Chancen und Gefahren des Lobbyismus für die Demokratie (M 4)
(vgl. auch S. 84 „Wissen kompakt")

Chancen:
- Lobbying als Form der Politikberatung; Einbringen von Sachverstand und praktischen Erfahrungen
- Möglichkeit zur Mitwirkung und Einflussnahme
- Entlastung des Staates von Vermittlungs– und Kontrolltätigkeiten

Gefahren:
- Intransparenz der Einflussnahme auf den politischen Prozess
- Entwertung der demokratisch legitimierten Gremien
- ggf. Interessenvertretung nicht im Sinne der Mitglieder des Interessenverbands
- Bevorzugung von starken, finanzkräftigen, konfliktfähigen Interessen

Seite 83

Lösungsvorschlag zu der Aufgabe

Analyse des Ideologiegehalts der Rede von Prof. Dr. Manfred Weber

Die Rede des geschäftsführenden Vorstands des Bundesverbands deutscher Banken Prof. Dr. Manfred Weber eignet sich gut als Text für eine ideologiekritische Analyse. Ansichten und Behauptungen können daraufhin geprüft werden, ob sie Wirklichkeit verfälschen, sie unvollständig beschreiben oder mit bestimmten rhetorischen Mitteln arbeiten, um eigene Positionen zu rechtfertigen oder bestimmte Interessen zu verschleiern. Die Rede ist zwar nur in Auszügen ausgedruckt, dennoch sind Absicht und Methoden zu erschließen.

Elemente der Analyse:

- *Anlass und Interessenvertretung*
  Informationstagung „Wer dreht am Rad der Politik? – Über Zustand und Zukunft von Lobbyismus und Politikberatung" in der Freien Universität Berlin am 17.1.2007.
- *Beabsichtigte Wirkung und Rechtfertigung*
  - Titel der Veranstaltung mit der Funktion den Blick zu steuern: Betonung der Funktion des Lobbyismus als für die Demokratie wichtige Grundlage durch die Wortverbindung „Politikberatung".
  - Schwerpunkt der Rede: Leistungen des Bundesverbands deutscher Banken für Politik und Gesellschaft.
- *Wahrheitsgetreue Aussagen:*
  - Funktion der Verbände als Mittler zwischen Wirtschaft und Politik.
  - Nutzen der Beratertätigkeit als Dienstleistung für die Politik.
  - Wahrnehmung von Aufgaben im Interesse der Allgemeinheit.
- *Argumentationsstrategie*
  - Überbetonung der Dienstleistertätigkeit des Verbands für Politik und Gesellschaft
  - Kaum Hinweise auf die Ziele des Verbands als Interessenvertreter der Banken
  - Verschieben der Perspektive auf den Interessenverband durch Herausstellen eines positiv besetzten Beispiels („Beitrag zur ökonomischen Grundausbildung") als Beleg für die an öffentlichen Interessen orientierte Verbandstätigkeit
- *Rhetorische und sprachlich–stilistische Mittel*
  - Häufige Verwendung und Betonung der „Sachlichkeit" und „Normalität" der Arbeit des Bankenverbands durch das Wortfeld „solide Arbeit" („Sachverstand", „verlässliche Informationen", „fundierte Beratung", „legitime Einzelinteressen", „Logik der politischen Willensbildung", „sinnvolle Arbeitsteilung", „objektiv", „sachlich", „parteipolitisch neutral", usw.).
  - Starke Betonung der Gemeinwohlbezogenheit der eigenen Arbeit mit Hochwertwörtern („Good Corporation Citizen", „Dienstleister", „im Interesse der Allgemeinheit", „der Wirtschaftsbildung verpflichtet")
  - Verschweigen, Herunterspielen bzw. Definieren der eigenen Interessen (z.B. beim „Schul/Bank-Programm", bei der Abwertung der hier so genannten „Ad-hoc-Lobbyisten", bei dem Versuch der Differenzierung zwischen Lobbyisten und Verbänden, Nichterwähnung konkreter Interessen)
- *Beabsichtigte Wirkung der Mittel*
  Betonung von Neutralität, Kompetenz, Unabhängigkeit des eigenen Verbands; Entlastung von Vorwürfen gegenüber dem Verband als „fünfter Gewalt"; Hervorheben der am Gemeinwesen orientierten Arbeit, indirekt damit Verharmlosung der Arbeit als Interessenvertreter der Banken; Vermitteln einer neuen Sichtweise auf den Bankenverband.
- *Gesamtbewertung*
  Zurückweisung von Vorwürfen gegenüber dem Verband durch selektive Darstellung seiner Arbeit; eingesetzte sprachliche und argumentative Mittel zwar legitim, aber mit erkennbarer manipulierender Tendenz; übliche „Selbstdarstellung" einer Organisation mit beschönigenden Elementen

Seite 84

+

Zusatzmaterial: Vorschlag für eine Leistungserhebung

Der Sozialverband VdK (ursprünglich: Verband der Kriegs- und Wehrdienstopfer, Behinderten und Sozialrentner) ist mit ca. 1,5 Millionen Mitgliedern die größte Selbsthilfeorganisation in Deutschland für Rentner, Menschen mit Behinderung, chronisch Kranke, Pflegebedürftige und deren Angehörige, Familien, ältere Arbeitnehmer und Arbeitslose. Die Vorsitzende des Bundesverbands Ulrike Mascher, gleichzeitig Vorsitzende des Landesverbands Bayern und als solche Nachfolgerin von Horst Seehofer, CSU, war bis 2002 SPD-Bundestagsabgeordnete und zeitweise Staatssekretärin.

Aus einer Presseerklärung des VdK vom 17.12. 2009.

Mehrwertsteuer auf Arzneimittel senken

Der Sozialverband VdK fordert eine Absenkung der Mehrwertsteuer auf Arzneimittel von 19 auf 7 Prozent. VdK-Präsidentin Ulrike Mascher erklärte (...) auf einer Pressekonferenz in München:

„Die Menschen haben kein Verständnis dafür, dass am Freitag vom Bundesrat die Mehrwertsteuer auf Hotelübernachtungen gesenkt werden soll, die längst überfällige Steuerabsenkung bei lebensnotwendigen Arzneimitteln aber wieder nicht in Angriff genommen wird."

Angesichts drohender Zusatzbeiträge in der Gesetzlichen Krankenversicherung würde dies zu einer spürbaren Entlastung der Krankenkassen und Patienten führen, so Mascher. Das Einsparpotential liege bei zwei bis drei Milliarden Euro pro Jahr. Der Kassenbeitrag könnte um 0,2 bis 0,3 Prozentpunkte gesenkt werden. Die Patienten würden sowohl beim Kauf von verschreibungspflichtigen als auch von rezeptfreien Medikamenten Geld sparen, betonte die VdK-Präsidentin: „Jetzt ist genau der richtige Zeitpunkt für die Absenkung der Mehrwertsteuer auf Arzneimittel. Dies wäre ein Signal der Bundesregierung an Arbeitnehmer und Rentner, dass Gesundheit auch in Zukunft für alle bezahlbar bleiben soll", sagte Mascher.

Nirgendwo sind die Arzneimittelpreise so hoch wie in Deutschland. Sie liegen 30 Prozent höher als im europäischen Durchschnitt. (...) „Es herrscht große Empörung in der Bevölkerung, dass Medikamente, auf die viele Menschen angewiesen sind wie auf das tägliche Brot, mit 19 Prozent besteuert werden und nicht wie Lebensmittel mit 7 Prozent. Wütend macht die Patienten, dass sogar Schnittblumen, Tierfutter und seit kurzem auch Bergbahnen dem ermäßigten Steuersatz unterliegen, Medikamente hingegen dem vollen."

Der Sozialverband VdK habe bereits vor zwei Jahren 2,3 Millionen Unterschriften in dieser Angelegenheit gesammelt, davon allein 1,2 Millionen in Bayern. „Da hätten wir uns von Ministerpräsident Seehofer schon mehr Unterstützung erwartet. Aber wir lassen in dieser Frage nicht locker. Unsere 1,5 Millionen Mitglieder haben ein gutes Gedächtnis und einen langen Atem", kündigte die VdK-Vorsitzende an.

Michael Pausder, in: www.vdk.de/by22457, Dez.2009.

1. Formulieren Sie das Anliegen des Sozialverbands VdK und die Begründung dafür als Kurznachricht in drei Sätzen!
2. Zeigen Sie – ausgehend vom Text – Funktionen, Adressaten und Instrumente von Interessenverbänden auf! Berücksichtigen Sie dabei auch die Informationen im Vorspann!
3. Wägen Sie ab, unter welchen Bedingungen Interessenverbände ihren Einfluss auf die Politik besonders wirksam entfalten können!
4. Kritiker sprechen vom Lobbyismus der Bundesrepublik als „fünfter Gewalt". Erörtern Sie die Berechtigung dieser Bezeichnung!

Seite 85

5. Parteien: immer umstritten, unumstritten notwendig?

!

Das Kapitel liefert Verständnisgrundlagen für das deutsche Parteienwesen, aktuelle Entwicklungen und ihre Hintergründe. Worauf die Überschrift schon hinweist: Trotz der vielen Vorbehalte und berechtigten oder unberechtigten Vorwürfe und Skepsis gibt es in der repräsentativen Demokratie keine Alternative zur Arbeit und Funktion der Parteien. In den Materialien und Aufgaben wird deswegen auf ihre Bedeutung wiederholt hingewiesen. Gleichzeitig gilt es, sich sachgerecht mit den Defiziten und der Diskussion um Verbesserungsmöglichkeiten auseinanderzusetzen.

Folgende Kompetenzen sollen vermittelt werden:

Sachkompetenzen	■ Rechtliche Grundlagen und Funktionen der Parteien kennen ■ Grundströmungen im Parteiensystem und um dessen aktuelle Entwicklungen wissen ■ aktuelle Probleme und demokratietheoretische Defizite beschreiben können
Methodenkompetenzen	■ Grafiken und Schaubilder auswerten bzw. zur übersichtlichen Darstellung von Spannungsfeldern nutzen ■ Recherchemöglichkeiten zur Informationsgewinnung einsetzen und sich so den aktuellen Informationsstand sichern
Urteilskompetenzen	■ Parteien als unverzichtbaren Bestandteil der repräsentativen Demokratie einstufen ■ Kritik an den Parteien sachgerecht bewerten ■ die Bemühungen der Parteien, erkennbare Defizite zu verringern, unter demokratietheoretischen Aspekten bewerten

Seite 87

5.1 Stellung und Aufgaben der Parteien

!

Die Parteien und die Politiker in Deutschland genießen in der medialen Debatte nicht den besten Ruf. Mehr noch: Oftmals werden sie für die immer weiter um sich greifende Politikverdrossenheit verantwortlich gemacht, so dass es gar nicht verwundern muss, wenn sie zunehmend über Nachwuchssorgen klagen. Dabei sind die Parteien für unser politisches System von herausragender Bedeutung. Was ist eine Partei, wofür brauchen wir überhaupt Parteien und welche Aufgaben sollen sie erfüllen bzw. wie sind die Funktionen und Aufgaben im Grundgesetz verankert, lauten daher die Grundfragen dieses Unterkapitels.

Seite 87

Lösungsvorschlag zu der Aufgabe

Zuordnung: A 3; B 4; C 5; D 1; E 2

Mögliche Erkenntnisse

- Eindeutige Zuordnung nicht ganz einfach und nicht zuverlässig begründbar
- Beleg für viele Überschneidungen und ähnliche Aussagen der Parteien zu bestimmten Themen
- Profilschärfe und Abgrenzung zu den anderen Parteien als Problem
- Zuordnung der Aussagen zu einzelnen Parteien aber annähernd möglich; Breite und Intensität der staatlichen Leistungen als Kriterium: tendenziell weitreichendere staatliche Leistungen auf der linken Seite des politischen Spektrums einerseits, andererseits eher typisch für konservative Parteien: Betonung der „freien" Entscheidung für die häusliche Erziehung

Seite 89

Lösungsvorschlag zu den Aufgaben

1. Herausgehobene verfassungsrechtliche Stellung der Parteien in Art. 21 (1) GG
   - Mitwirkung bei der politischen Willensbildung
   - freie Gründung
   - demokratisch organisiert
   - öffentliche Rechenschaft über Mittel und Vermögen
   - Besonderheit: Legalisierung der Parteien als verfassungsrechtlich abgesicherte Organisationen: Nennung im GG als Würdigung ihrer Bedeutung und als Existenzschutz (zugrundeliegende Erfahrung: Gleichschaltung des Parteiensystems im Nationalsozialismus)
2. Mittlerfunktion der Parteien als Schaubild

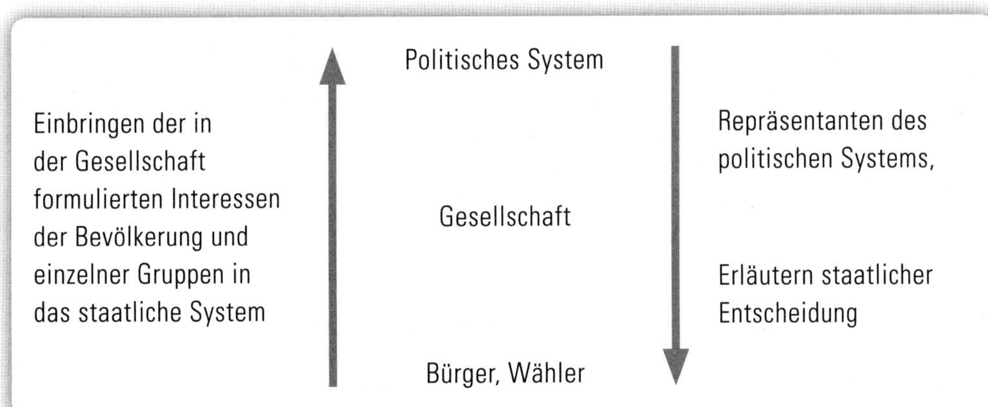

3. Beispiele aus der lokalen Presse
   Die Schülerinnen und Schüler sollen die Arbeit von Mandatsträgern zu der in M4 genannten Aufgabe als „Vermittler" einordnen, also Wahrnehmung von Teilinteressen in der Gesellschaft einerseits und Repräsentation des Staats andererseits. Neben der lokalen Presse sind die Homepages der Mandatsträger hilfreich.

Seite 92

Lösungsvorschlag zu den Aufgaben

1. Spannungsfeld von Interessen
Als Beispiele können Themen aus der Gesundheits-, Energie- oder der Verbraucherpolitik dienen, da sich die widerstreitenden Interessen hier meist sehr deutlich zeigen. Die Lösungsstrategien der Parteispitzen bewegen sich zwischen Übernahme von Positionen einer Interessengruppe einerseits und Suche nach Kompromissen zwischen den verschiedenen Interessen andererseits.

2. a) Recherche zu Ämterkumulation
Hier bietet es sich an, die Homepages der lokal bekannten bzw. überregional bedeutenden Politiker anzuschauen. Ferner sind Homepages wie *www.abgeordnetenwatch.de* für die Lösung dieser Aufgabe sehr hilfreich.

b) „Machtzentren": wünschenswert oder problematisch?

Wünschenswert:

- Konzentration von sachlicher Kompetenz durch breite Unterstützung von Ämtern und Behörden
- Konzentration von politischer Kompetenz über Netzwerke und Kontakte
- aus der Sicht der Amtsinhaber: Vorteile „kurzer" Wege, schnelle und informelle Informationen, viele Möglichkeiten der Selbstdarstellung

Problematisch:

- Machtkonzentration bei wenigen Amtsträgern mit verringerten Kontrollmöglichkeiten
- bei Entscheidungen Verknüpfung von Partei- und Amtsinteressen
- Verwendung und Nutzung von Informationen aus der Verwaltung zu Parteizwecken
- u.U. Gefahr von Ämterpatronage und Parteibuchwirtschaft
- Verkrustung von Entscheidungsstrukturen

3. Unterschied zwischen europäischen und deutschen Parteien (vgl. M 7)

Deutsche Parteien:

- stark gebunden an Traditionen und historische Entwicklungen
- orientiert an Regierungsbeteiligungen oder an der Oppositionssituation

Europäische (transnationale) Parteien:

- „föderative Vereinigung nationaler Parteien" mit unterschiedlichen Strukturen und Identitäten, aber übereinstimmenden Orientierungen und Zielsetzungen
- inhaltlich und personell von den nationalen Parteien bestimmt, ohne Autarkie
- Zusammenschluss in Fraktionen, aber ohne Möglichkeit, sich (wie in nationalen Parlamenten) als Regierungs- oder Oppositionslager zu formieren
- ständig wechselnde, an Themen orientierte Mehrheiten

Seite 94

5.2 Parteiensystem – Parteienstrukturen – Parteienfinanzierung

!

Die Begriffe werden heute anders diskutiert als dies noch vor 30 Jahren der Fall war. Waren früher drei Parteien im System etabliert, sind es heute fünf. Galt es früher, klassische Parteikarrieren zu absolvieren, sind im medialen Zeitalter Quereinstiege häufiger. Schließlich finden die Parteien immer neue Wege, ihre finanziellen Möglichkeiten auszubauen (Spendenakquise; Sponsoring). Nicht zuletzt deshalb werden in diesem Unterkapitel die Entwicklung und der Wandel der Parteienlandschaft im Allgemeinen und die Binnenstruktur wie der Aufbau der Parteien im Besonderen thematisiert.

Lösungsvorschlag zu den Aufgaben

Seite 95

1. Einordnung der Parteien in das Schema aus M 1
Die Schwierigkeiten, die sich bei dem Versuch einstellen, die im Bundestag vertretenen Parteien in das Schema von M1 einzuordnen, sind vielfältig. Zum einen sind die Parteien nicht klar positionierbar, d.h. keine Partei kann einem Pol (Liberalität; Marktfreiheit; Autorität; Sozialer Ausgleich) eindeutig zugeordnet werden. Zum anderen wird in der Diskussion deutlich, dass es einerseits innerhalb der Parteien unterschiedliche Positionen und andererseits zwischen den Parteien Überlappungen bzw. klare Abgrenzungen gibt (Seeheimer Kreis versus Parlamentarischer Kreis in der SPD; „Realos“ versus „Fundis“ bei den Grünen). Daher empfiehlt es sich ein Tafelbild mit den Polen zu entwickeln, die Parteinamen in farbigen Kreisen entsprechend zu positionieren und zwischen den Parteinamen/ bzw. -kreisen Schnittmengen zu erlauben. Diese Schnittmengen veranschaulichen gleichermaßen Koalitionsoptionen wie Profil- und Abgrenzungsprobleme.

2. Grafiken zur Veränderung des Parteiensystems im Bundestag

Parteiensystem für die 1950er Jahre der BRD:

- Konsolidierungsphase: mehrere kleinere Parteien gehen in den größeren Parteien auf oder verschwinden (in Klammern stehen die Auflösungsjahre)

  Für die CDU seien hier beispielhaft folgende Parteien genannt:
  - DP = Deutsche Partei (1961);
  - ZP = Zentrumspartei (1945)
  - BHE/GB = Block der Heimatvertriebenen und Entrechteten (1956)

  Für die SPD seien hier beispielhaft folgende Parteien genannt:
  - SAPD = Sozialistische Arbeiterpartei Deutschlands (1945)
  - GVP = Gesamtdeutsche Volkspartei: gegründet: 1952, aufgelöst: 1957

  Für die FDP sei hier beispielhaft folgende Partei genannt:
  - DVP = Deutsche Volkspartei (1945)

Konsolidierungsphase – 1950er Jahre – mögliches Tafelbild

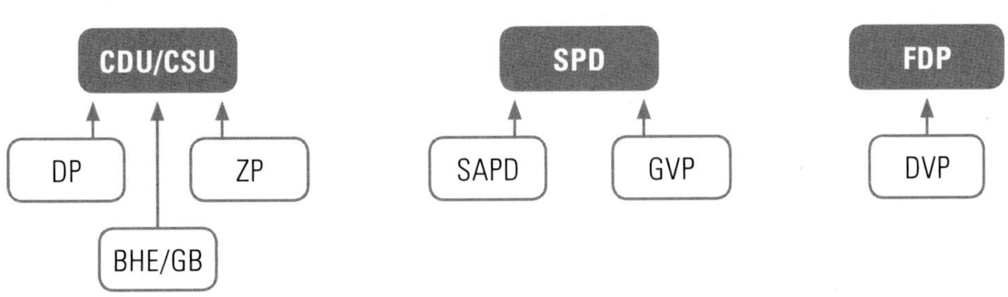

Parteiensystem für die 1960/70er Jahre der BRD:

- Konzentrierungsphase: Symmetrisches Dreiparteiensystem; FDP zu beiden Seiten koalitionsfähig; Koalitionsentscheidung der FDP damit ausschlaggebend für die Regierungsmehrheit.

Konzentrierungsphase – mögliches Tafelbild

Parteiensystem für die 1980/90er Jahre der BRD:

- Pluralisierungsphase: asymmetrisches Parteiensystem durch Erweiterung seit 1983 um die Grünen und seit 1991 um die PDS; CDU/CSU und FDP mit jeweils zwei Optionen; ab 1990: SPD mit mehreren Optionen, Ausschluss der PDS von Koalitionsüberlegungen

Pluralisierungsphase – mögliches Tafelbild

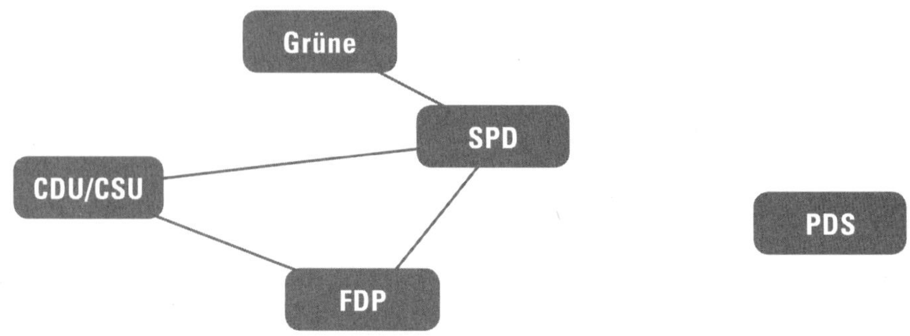

Parteiensystem der BRD seit 2000:

- Multioptionale Koalitionslandschaft: Bei zunehmender Offenheit zwischen den Parteien auch Erweiterung der Koalitionsmöglichkeiten je nach Mehrheitschancen, Koalitionen vor Wahlen schwer kalkulierbar

Multioptionale Koalitionslandschaft – mögliches Tafelbild

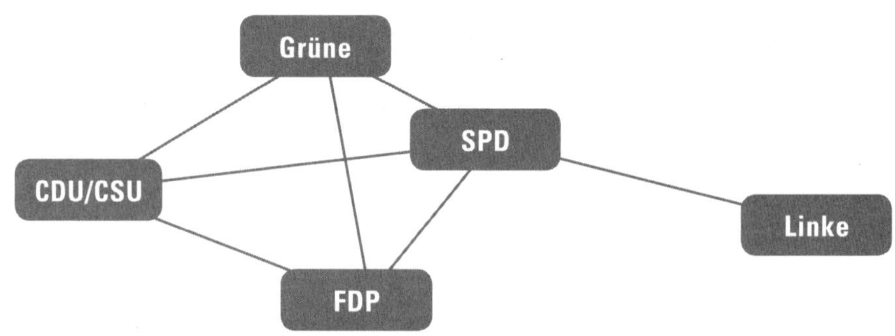

Vergleiche:
Korte, Karl Rudolf, Fröhlich, Manuel: Politik und Regieren in Deutschland, 2. Auflage, 2006, Paderborn, S. 138, 139 und 140.: von Alemann, Ulrich: Das Parteiensystem, Opladen: Leske + Budrich, 2003.

Seite 96

Lösungsvorschlag zu den Aufgaben

1. Überprüfung der These von der Erosion der Volksparteien anhand von M 3
Die These kann mit dem Rückgang der Mitgliederzahlen seit 1978 gut belegt werden. Die nachfolgende Tabelle listet die (gerundeten) Summen der Mitglieder von CDU/CSU und SPD anhand von M3 auf:

1954	1966	1978	1990	2002	2008
ca. 950.000	ca. 1.050.000	ca. 1.800.000	ca. 1.700.000	ca. 1.470.000	ca. 1.300.000

2. Erosion der Volksparteien? (Thesen aus M 4)
- SPD und CDU/CSU immer noch „Volksparteien" wegen Vielfalt an Themen und breiter Wählerschaft
- Größe kein Kriterium für die Einschätzung als „Volkspartei"
- geringerer Anteil bei den Wählern: Verlust der Legitimation als Volkspartei,
- deswegen größere Bedeutung von Umfragen als Ersatz für die frühere Verwurzelung
- Vorwurf an die Volksparteien: zu wenig Beteiligungsmöglichkeiten
- Anregung: mehr Dienstleistungen für Mitglieder, weniger Ideologieträger
- Heterogenität der Gesellschaft als Ursache für Entstehen und Wachsen von kleineren Parteien

Lösungsvorschlag zu den Aufgaben

Seite 99

✓

1. Katalog von Einflüssen, die das demokratische Prinzip in den Parteien gefährden:
- starke Autorität der Parteispitze
- Verkrustungen in der Funktionärsschicht mit starken Netzwerken
- Förderung von Personen durch die Parteispitze, z.B. wegen ihrer hohen Medientauglichkeit
- Ämtervergabe innerhalb der Partei nach „Verdiensten"
- Einflüsse auf die Parteistrukturen durch der Partei nahestehenden Organisationen und Interessenverbände
- Zwang zur Geschlossenheit, damit tendenziell Bevorzugung „bewährter" und „zuverlässiger" Kräfte
- wohlwollendes bzw. nachgiebiges Verhalten der Basis gegenüber Entscheidungen der Parteispitze
- geringes Engagement der Parteibasis

2. Maßnahmen zur Steigerung der Attraktivität von Parteien
- Neue Mitgliedschaftsformen: Schnuppermitgliedschaften, Gastmitglieder, projektbezogene Mitarbeit
- Neue Kommunikationsformen: alle Formen von Online-Kommunikation, innerparteiliche Kommunikation, Kommunikation nach außen
- Innerparteiliche Demokratisierung: verstärkter Einfluss auf Themen und bei Wahlen, Befragungen, Abstimmungen

Stellungnahme mit Begründung: z.B. Bedeutung von Online-Kommunikation mit der Chance, jüngere Bevölkerungsgruppen besser zu erreichen; höheres Maß an Zukunftsorientierung

3. Überprüfung und Vergleich der Internetauftritte der Parteien zu den „neuen Kommunikationsformen"
- ggf. Bewertung unter den Aspekten, Verständlichkeit, Aktualität, Benutzerfreundlichkeit, Adressatenbezogenheit

4. Unterschiede bei der Struktur der Einnahmen und Problematik der Einnahmequellen

Starke Unterschiede bei:
- Mitgliedsbeiträgen wegen unterschiedlicher Mitgliederzahlen
- Mandatsträgerbeiträgen wegen großer Unterschiede bei der Zahl der Mandatsträger
- Spenden wegen unterschiedlicher Nähe zu finanzstarken Personen, Verbänden, Bevölkerungsgruppen
- Einnahmen aus Unternehmenstätigkeiten wegen traditioneller Beteiligungen der SPD z.B. an einigen Verlagen.
- staatlichen Mitteln wegen deren Abhängigkeit von Beitrags- und Spendeneinnahmen (vgl. M 8)

Problematik der unterschiedlichen Einnahmequellen:

- tatsächliche oder vermeintliche Abhängigkeiten von privaten Geldgebern und Interessengruppen mit entsprechend negativer Wirkung in der Öffentlichkeit
- Zuschüsse von staatlichen Mitteln in Abhängigkeit von privaten Beiträgen und Spenden als Anreiz, aber auch als Versuchung, möglichst viele private Geldgeber zu gewinnen; damit erhöhte Gefahr von offenen oder versteckten Abhängigkeiten
- Finanzierung extremistischer Parteien durch Steuergelder, solange die Parteien nicht verboten sind

5. Parteiensystem ohne staatliche Parteienfinanzierung:

Vorteile	Nachteile
■ völlige Staatsunabhängigkeit der Parteien, damit auch keine staatlichen Einflüsse möglich ■ keine Belastung für den Staatshaushalt ■ Entlastung der Parteien vom Vorwurf der „Selbstbedienung" aus den Steuermitteln	■ starke Abhängigkeit der Parteien von der Anzahl zahlungsbereiter Mitglieder ■ ständiger Druck, sich wegen Spenden an finanzstarke Personen und Unternehmen wenden zu müssen ■ damit offene, verdeckte oder vermutete Abhängigkeiten bei politischen Entscheidungen ■ Verdacht auf intransparente und unkontrollierbare Geldflüsse und Unterstützung ■ ggf. negative psychologische Auswirkungen auf die Öffentlichkeit wegen interessengebundener politischer Positionen ■ keine staatliche Sicherung des Bestands der Parteien ■ hohes Maß an Chancenungleichheit bei Wahlkämpfen

6. Wahlen

Seite 101

!

Das Kapitel beschreibt Wahlen zunächst als unverzichtbares Element für die Realisierung der Volkssouveränität in einer repräsentativen Demokratie. Wahlen können organisatorisch und strukturell zwar unterschiedlich gestaltet sein. Aber nur wenn bestimmte Wahlrechtsgrundsätze eingehalten sind, kann man von „freien Wahlen" sprechen. Die Vor- und Nachteile unterschiedlicher Wahlsysteme werden gegeneinander abgewogen, die jeweiligen Auswirkungen auf das Parteien- und Regierungssystem erläutert. Im Mittelpunkt steht die Kenntnis des Wahlsystems zum Deutschen Bundestag.

Folgende Kompetenzen sollen in Kapitel 6 vermittelt werden:

Sachkompetenzen	▪ Bedeutung der Wahlen als konstitutives Element einer repräsentativen Demokratie kennen ▪ die verschiedenen Funktionen von Wahlen unterscheiden können ▪ Qualität und Auswirkungen verschiedener Wahlsysteme beschreiben ▪ das deutsche Wahlsystem erläutern ▪ Bedeutung und aktuelle Entwicklungen des Wahlkampfs darstellen ▪ Tendenzen beim Wahlverhalten beschreiben
Methodenkompetenzen	▪ Daten und Zusammenhänge aus Tabellen, Schaubildern, Karikaturen und Fotos erschließen ▪ Texte erschließen und zentrale Aspekte und Argumente für die Erörterung eines Sachverhalts oder eine Diskussion aufbereiten und einsetzen
Urteilskompetenzen	▪ die Bedeutung von Wahlen für ein demokratisches System einschätzen lernen ▪ Qualität und Auswirkungen von Wahlsystemen bewerten können ▪ aktuelle Entwicklungen bei Wahlergebnissen und Wahlkämpfen beurteilen

6.1 Wahlen: geregelter Zugang zur Herrschaft

Seite 103

!

Immer mehr Menschen in Deutschland gehen nicht wählen. Nimmt man die letzten Bundestagswahlen zum Maßstab, wird die „Partei der Nichtwähler" immer größer – so haben sich ca. 28 Prozent aller Wahlberechtigten bei der letzten Bundestagswahl 2009 dafür entschieden, nicht zu wählen. Dabei ist das Wählen für eine funktionierende Demokratie unverzichtbar. Im Hinblick dieses immer stärker werdenden Trends, ist es wichtig zu verstehen, warum und wieso Wählen so wichtig ist (M 1 – M 3) und wie die auch von den „Nichtwählern" akzeptierte Demokratie vom Akt des Wählens abhängig ist (M 4). Schließlich erläutert das Unterkapitel einzelne Wahlsysteme und macht somit deutlich, dass unterschiedliche Wahlsysteme u.U. unterschiedliche Ergebnisse zutage fördern können (M 5).

Seite 107

Lösungsvorschlag zu den Aufgaben

1. Diskussion zum Thema „Wahlpflicht"
Demokratische Länder, die ihre Bürger zur Wahl verpflichten sind in Europa u.a.: Belgien, Luxemburg oder Griechenland. Die Sanktionen beim Tatbestand des Nichtwählens sind eher gering. In Belgien muss man beispielsweise 50 Euro Strafe zahlen, obwohl die Staatsanwaltschaft wegen einer Nichtwahl nicht tätig wird. In Griechenland gibt es dagegen seit 2001 keine Sanktionen mehr, auch wenn die Wahlpflicht in der Verfassung weiterhin Bestand hat. Schließlich ist in Luxemburg in der Verfassung für das „Nichtwählen" sogar eine Freiheitsstrafe vorgesehen, die allerdings nicht zum Tragen kommt.
In der Diskussion um die Wahlpflicht bietet sich an, die Inhalte in einer Pro-/Kontra-Tabelle an der Tafel festzuhalten. Folgende Argumente könnten hier genannt werden:

Pro	Kontra
■ Anreiz für alle Bürger, sich zu politischen Themen zu informieren ■ hohes Maß an Legitimation für die Gewählten ■ Vermeiden eines zu starken Einflusses einer geringen Zahl an Wählerstimmen auf das Gesamtergebnis (vor allem bei geringer Wahlbeteiligung) ■ ggf. höhere Loyalität zum politischen System über die institutionalisierte Einbindung aller Bürger	■ hoher Anteil an Wählern, die ohne jedes Interesse und uninformiert zur Wahl gehen ■ Wahlpflicht als Eingriff in ein persönliches Freiheitsrecht, zu dem auch Wahlabstinenz gehört ■ hohe Zahl von zu erwartenden ungültigen Stimmzetteln ■ Probleme der Sanktionierung bei Verstößen gegen die Wahlpflicht ■ Ursachen für ein geringes Politikinteresse nicht mehr eruierbar, da auch das Signal nicht erkennbar wird ■ „hohe" Legitimation der Gewählten nur durch die Wahlpflicht veranlasst

2. Recherche über *www.freedomhouse.org*
- Länder, die von Freedom House als teilweise frei oder als unfrei eingestuft werden, sind über den jeweils aktuellen Bericht auf der Internetseite eruierbar.
- Sind Länder ohne freie und faire Wahlen gleichzeitig immer auch „unfreie Länder"? Bezeichnung als „unfreies Land" gerechtfertigt, da das für Demokratien unverzichtbare Prinzip der Volkssouveränität verletzt ist, mithin fehlt das grundlegende Freiheitsrecht, das Zusammenleben selbst mitgestalten zu können. Zudem können Defizite in rechtsstaatlichen Elementen auch ein „unfreies Land" bedeuten, trotz freier Wahl.

3. Szenarien, in denen das Prinzip „Mehrheit siegt" sich zur „Tyrannei der Mehrheit" entwickeln kann:
- Ausschluss einer Bevölkerungsgruppe (z.B. wegen Religion, Herkunft) durch Mehrheitsentscheidung (Gesetze) von Freiheits- oder Mitgestaltungsrechten
- durch formal rechtmäßig zustande gekommene Gesetze „legalisierte" Verfolgung und Verhaftung von Oppositionellen
- Klima der Diskriminierung von Minderheiten in Gesellschaft und Staat, Verlust einer politischen Kultur, die auf gegenseitigem Respekt beruht

Hinweis auf den Unterschied zwischen materiellem und formalem Rechtsstaat: Sicherung der Minderheitenrechte durch „materiellen Rechtsstaat" erforderlich: Kommen Gesetze nur formal korrekt zustande, so sind sie nur „legal", „legitim" sind sie nur dann, wenn sie an Menschen- und Grundrechte rückgebunden sind.

4. Vorteile des Verhältnis- und des Mehrheitswahlsystems

Vorteile des Verhältniswahlsystems (Prinzip: „Jeder nach seinem Anteil."):

- Vertretung aller relevanten Gruppen und Richtungen der Gesellschaft („Landkarte der Gesellschaft")
- gleicher Erfolgswert der Stimmen, kein bzw. nur geringer Verlust von Wählerstimmen

über den Text hinausgehend:

- tendenziell größere Notwendigkeit, die Regierungsmehrheit über Koalitionen sicher zu stellen
- Chance für Parteien, über ihre Listen Fachleute als Abgeordnete in das Parlament zu bringen
- geringere Wahrscheinlichkeit für abrupte Richtungswechsel bei Regierungswechsel, da Politik häufig auf Kompromissen zwischen den Koalitionsparteien beruht
- erleichterter Zugang für neue Parteien in das Parteiensystem

Vorteile des Mehrheitswahlsystems (Prinzip: „Dem Sieger alles.")

- leichte Durchschaubarkeit der Zusammensetzung des Parlaments
- tendenziell klare Mehrheiten im Parlament („mehrheitsbildender Effekt"), ohne Zwang zu Koalitionen, damit stabile Regierungen

über den Text hinausgehend:

- Verhütung der Parteienzersplitterung
- Entscheidung für eine Regierung direkt durch den Wähler, nicht durch Koalitionsverhandlungen nach der Wahl
- stärkere Unabhängigkeit des Abgeordneten von seiner Partei, da alle unmittelbar vom Wähler gewählt
- höhere Barrieren für extremistische Parteien, zu einer politisch relevanten Größe im Parteiensystem zu werden

5. Begriff „Herrschaft" – vgl. Lexikon

Nichtdemokratische Zugänge zur Herrschaft in Geschichte und Gegenwart/Weitere Möglichkeiten, den Zugang zu Herrschaft zu regeln:

- Erbfolge, Herkunft aus einer privilegierten Personengruppe (Dynastien, Adel)
- durch Gewalt, Putsch, Kauf und andere kriminelle Machenschaften
- durch Los
- durch unfreie, also manipulierte Wahlen (z.B. Chancenungleichheit im Wahlkampf, Wahlfälschung, Repressionen).
- durch Ausschaltung oder Diskriminierung bestimmter Personengruppe

6.2 Das deutsche Wahlsystem im Fokus

Seite 109

!

Spätestens alle vier Jahre heißt es, seine Stimme zur Bundestagswahl abzugeben. Das deutsche Wahlsystem gilt selbst bei politisch interessierten Bürgern als kompliziert, wenn es darum geht, Überhangmandate zu erklären, die Gewichtigkeit der 2. Stimme zu erläutern oder eine taktische Wahlempfehlung abzugeben. Heißt dies im Gegensatz aber auch, dass das „komplizierte" deutsche Wahlsystem im Vergleich zu anderen Wahlsystemen gerechter ist? Hat sich darüber hinaus das System der „personalisierten Verhältniswahl" im Laufe der Jahre bewährt oder stellt das Mehrheitswahlsystem, wie Gerd Strohmeier in M 9 propagiert, eine angesichts immer schwieriger werdender Koalitionsverhandlungen (Saarland 2009, NRW 2010, etc.) willkommene Alternative dar? Die Schülerinnen und Schüler sollen nach diesem Unterkapitel in der Lage sein, die Vor- und Nachteile der hier analysierten Wahlsysteme gegeneinander abzuwägen.

Seite 115

Lösungsvorschlag zu den Aufgaben

1. Vergleich der Wahlsysteme

	Wahlsystem zum Bundestag	Wahlsystem zum Europäischen Parlament
Unterschiede	■ Wahl alle vier Jahre; ■ 598 Sitze, ggf. zusätzliche „Überhangmandate", ■ Grundsätze des Verhältniswahlsystems, ■ bei der Zusammensetzung der Fraktionen Elemente des Mehrheitswahlsystems („Direktmandate"); ■ Erst- und Zweitstimme mit der Zweitstimme als für die politische Zusammensetzung entscheidender Stimme; ■ Wahlberechtigt: alle Deutschen über 18 Jahre; ■ Wahltermin einheitlich an einem Sonntag; ■ 299 Wahlkreise;	■ Wahl alle fünf Jahre; ■ 736 Sitze, davon 99 für Deutschland festgelegt; ■ Grundsätze des Verhältniswahlsystems; ■ eine Stimme, mit der eine von jeder Partei vorgelegte Bundes- (bzw. Landes-) liste gewählt werden kann; ■ wahlberechtigt: alle in Deutschland lebenden Bürgerinnen und Bürger der Europäischen Union über 18 Jahre; ■ Wahltermine in verschiedenen Staaten zwischen Donnerstagmorgen und Sonntagabend; ■ Bundesrepublik als ein Wahlkreis;
Gemeinsamkeiten	■ Wahlgrundsätze: allgemein, frei, gleich, geheim, unmittelbar; ■ Geltung der Fünfprozenthürde auf der Grundlage des Bundeswahlergebnisses; ■ Vorlage einer von der Partei erstellten Liste, deswegen nur begrenzter Einfluss des Wählers auf die personelle Zusammensetzung der zu wählenden Organe	

2. Entwicklungstendenzen bei den Ergebnissen der Bundestagswahlen (M 5)
- 1949 bis 1957: Konzentrationsprozess hin zu einem Dreiparteiensystem
- 1957 bis 1980: Dreiparteiensystem mit der FDP als Funktionspartei für konservativ-liberale (1961 – 66; 1982 – 1990) oder sozial-liberale Regierungen (1969 bis 1982);
- seit 1983 Erweiterung des Parteiensystems durch die Grünen, aber wegen der Mehrheitsverhältnisse keine zusätzliche Option für andere Regierungsbildungen
- seit 1990: Erweiterung des Parteiensystems um PDS bzw. Die Linke;
- seit ca. 2002 Herausbildung eines Fünfparteiensystems mit multioptionaler Koalitionslandschaft

3. Gründe für die wachsende Zahl von Nichtwählern:
- Überzeugung von der Einflusslosigkeit des Wählens
- Unmut über Auftreten der Parteien und deren Programme
- Enttäuschung über die erlebte Politik (Politikverdrossenheit)
- Unmut über Art und Qualität der Wahlkämpfe
- generelles Desinteresse an Politik
- generelle Zufriedenheit mit der politischen Situation
- geringe oder nicht vorhandene politische Kenntnisse
- Wahlenthaltung als Denkzettel für die Parteien
- Protest gegen das politische System insgesamt

Auswirkungen auf die Demokratie:
- Problem der schwindenden Legitimation der Gewählten
- Entwicklung hin zur „Zuschauerdemokratie"
- wachsender Einfluss der Parteispitzen mit der Folge, dass sich Parteienverdrossenheit weiter verstärkt

4. Profil des typischen Wählers zu den einzelnen Parteien (M 7)
Die Schülerinnen und Schüler sind in diesem Zusammenhang auf die Problematik der Aufgabenstellung hinzuweisen. Experten sprechen nämlich zunehmend vom „last minute swing". Stellvertretend sei Helmut Jung zitiert, Geschäftsführer einer Gesellschaft für Markt- und Sozialforschung in Hamburg:
„Eine verlässliche, längerfristige stabile sozialwissenschaftliche Beschreibung, Kategorisierung und Typisierung der Wählerschaft, insbesondere im Hinblick auf Anhängerschaften und Potenziale einzelner Parteien gleicht heute eher dem Versuch, einen Pudding an die Wand nageln zu wollen." (Helmut Jung: Planungswerkzeuge, Frühwarnsysteme und Research-Beratung im politischen Marketing, in: Public Affairs Manager 1/2005 S. 68)

Dennoch kann man sich dem Thema nähern und Tendenzen aus M 7 ermitteln. Ggf. können die Schülerinnen und Schüler auch über einen Arbeitsauftrag bei folgenden Internet-Adressen das Verhalten der Wähler recherchieren. Daten zum Wahlverhalten mit Blick auf weitere Kategorien finden sich z.B. unter: *www.tagesschau.de/wahl* oder *www.forschungsgruppewahlen.de.*

Die Aufgabe eignet sich zudem für die Einübung behutsamer Formulierungen. Aussagen, die sich aus M7 ermitteln lassen, könnten demnach wie folgt formuliert sein.
Beispiele: Der „typische" CDU-Wähler ist eher über 60, eher Rentner und tendenziell ohne Abschluss einer weiterführenden Schule. Oder: Der „typische" Wähler der Grünen ist tendenziell unter 40, oft Angestellter oder Selbstständiger und hat oft Abitur oder einen Hochschulabschluss.

Geschickt ist auch der Hinweis, ob eine Gruppe „überrepräsentiert" oder „unterrepräsentiert" ist. *Beispiele:* Unter den CDU-Wählern sind Personen über 60 Jahren, Rentner und Personen mit Hauptschulabschluss überrepräsentiert, Personen unter 34, Arbeiter und Arbeitslose unterrepräsentiert. Oder: Unter den Wählern der Grünen sind Personen unter 44 Jahren überrepräsentiert, ebenso Angestellte und Selbstständige wie auch Personen mit Abitur oder Hochschulabschluss.

5. Gründe für das gute Abschneiden der kleinen Parteien
- schwindende Bindung der traditionellen Milieus der großen Parteien
- quantitativer Rückgang der traditionellen Milieus auf Grund des sozialen Wandels
- Ausdruck einer zunehmenden Differenzierung in der Gesellschaft
- Unzufriedenheit mit der Politik der großen Parteien
- gezielte Nischen- bzw. Klientelpolitik der kleineren Parteien
- schärferes Profil der kleineren Parteien für viele Wähler attraktiv – im Vergleich zur programmatischen, thematischen und personellen Heterogenität der Volksparteien

These: In Zukunft werden noch mehr kleinere Parteien im Bundestag vertreten sein.
- *Begründung:* tendenzielle Zunahme der oben genannten Gründe und Entwicklungen, keine gegenläufigen Entwicklungen erkennbar
- *Mögliches Gegenargument:* Aufgreifen von Nischenthemen (aktuell z.B. das Kernthema der „Piratenpartei") durch die großen Parteien; Ein-Themen-Parteien langfristig nur begrenzt attraktiv für Wähler

6. **a)** Gründe, warum das Wahlsystem als Erfolgsgeschichte gilt:
   - stabile politische Verhältnisse seit 1949
   - hohe Zufriedenheit bei den kleineren Parteien
   - Respekt vor politischen Minderheiten bei gleichzeitiger Verhinderung einer Zersplitterung des Parteiensystems
   - hohes Maß an Repräsentation, Partizipation, Interessenbündelung, Einfachheit und Legitimität

   über den Text hinausgehend:
   - erwiesene Offenheit für neue Strömungen (seit 1983 Grüne im Bundestag, seit 1990 PDS, Die Linke)
   - zuverlässige Barriere für extremistische Parteien
   - Spiegelung der verschiedenen Gruppen und Ansichten im Parlament als integrierendes Element
   - trotz Ungereimtheiten breite Akzeptanz für das Wahlsystem; wiederholte Korrektur bestehender Ungerechtigkeiten durch das Bundesverfassungsgericht

   b) Plädoyer für die Einführung des Mehrheitswahlrechts in Deutschland
   Vgl. Vorteile des Mehrheitswahlrechts Aufgabe 4 S. 107:

   Vorteile des Mehrheitswahlsystems (Prinzip: „Dem Sieger alles.")
   - leichte Durchschaubarkeit der Zusammensetzung des Parlaments
   - tendenziell klare Mehrheiten im Parlament („mehrheitsbildender Effekt"), ohne Zwang zu Koalitionen, damit stabile Regierungen

   über den Text hinausgehend:
   - Verhütung der Parteienzersplitterung
   - Entscheidung über eine Regierung direkt durch den Wähler, nicht durch Koalitionsverhandlungen nach der Wahl
   - stärkere Unabhängigkeit des Abgeordneten von seiner Partei, da alle unmittelbar vom Wähler gewählt
   - höhere Barrieren für extremistische Parteien, zu einer politisch relevanten Größe im Parteiensystem zu werden

7. Diskussion zum Vorschlag, Kindern von Geburt an eine Wahlstimme zu geben
   Im Sommer 2008 forderten 46 Abgeordnete parteiübergreifend ein Wahlrecht für Kinder, wobei es für Säuglinge und Kleinkinder zunächst durch die Eltern wahrgenommnen werden sollte. Überlegenswerte Aspekte und Argumente dazu:

   Pro
   - jetzt: rd. 17 % der Bevölkerung vom Wahlrecht ausgeschlossen (alle unter 18 Jahre)
   - bisherige Praxis: Widerspruch zum Grundsatz „One Head – One Vote"
   - fehlende Reife der Kinder nicht relevant, da auch Erwachsene nicht alle „reif" sind
   - Wahlrecht nicht an Bedingungen (z.B. Volljährigkeit, Wehrpflicht) gebunden
   - erhöhtes Gewicht von Familien mit Kindern, damit stärkere Orientierung der Politik an familien- und zukunftsorientierten Themen

   Kontra:
   - Wahl stellvertretend durch die Eltern ggf. nicht im Sinne der Kinder
   - leichte Beeinflussbarkeit von Kindern
   - Kinderwahlrecht: Ungleichgewicht von Rechten und Pflichten
   - mangelndes Wissen, mangelnde Offenheit von Kindern
   - Probleme bei der praktischen Wahrnehmung des Wahlrechts durch die Eltern (z.B. Entscheidung für eine Partei durch Vater/Mutter? Alleinerziehende? Geschiedene? Waisen?)

Zusatzmaterial zu 6.2: Vorschlag für eine Leistungserhebung

Seite 54

+

Angesichts der im Jahr 2011 anstehenden Wahlrechtsreform bietet es sich an, folgenden Text zur Vertiefung der gelernten Inhalte einerseits und zur Anwendung von Transferwissen andererseits für eine Leistungserhebung zu verwenden.

Wahlrecht: Legal, illegal, völlig egal

Unser Wahlrecht ist „willkürlich", „widersinnig" und „verfassungswidrig". Das sagen nicht Spinner im Internet, sondern das Bundesverfassungsgericht. Trotzdem wählen wir am Sonntag so den neuen Bundestag. Die Folge: Der Boden, auf dem die nächste Regierung stehen wird, ist grausam schief. Das deutsche Wahlrecht ist in zentralen Teilen erstens „willkürlich", zweitens „widersinnig" und daher drittens „verfassungswidrig". (....)

Gnadenfrist bis 2011

Seit dem Karlsruher Urteil vom 3. Juli 2008 steht fest, dass das deutsche Wahlrecht nicht Recht ist. Aber die höchsten Richter haben Gnade vor Recht ergehen lassen – und dem Wahlrecht eine Gnaden- und Galgenfrist bis 2011 gewährt; sie wollten der Politik die Chance nicht nur zu einer Kleinreparatur, sondern zu einer umfassenden Sanierung geben. Bisher hat die Politik diese Chance nicht genutzt. Der Entwurf zu einem neuen Wahlgesetz, das die Grünen vorgelegt hatten, wurde Anfang Juli im Bundestag von der CDU/CSU und (nach einigem Schwanken) auch von der SPD abgelehnt. Das Verfassungsgericht hat es billigend in Kauf genommen, dass auf verfassungswidrige Weise gewählt wird. Gleichwohl: An der Legalität, also an der formalen Gesetzesmäßigkeit der Wahl, ist nicht zu zweifeln – wegen der gewährten Galgenfrist. Am Galgen aber hängt die Legitimität, die allgemeine Anerkennung der Wahl und damit der neuen Regierung.

Mit Überhangmandaten zur Kanzlermehrheit

Wer das Urteil studiert, stellt fest: Die Richter haben nicht bedacht, dass mit Hilfe des verfassungswidrigen Wahlrechts, also mit Hilfe von Überhangmandaten und den Berechnungsmethoden, die damit zusammenhängen, unter Umständen die Kanzlermehrheit gebildet werden kann. Genauso sieht es derzeit aus: Nach den Umfragen könnte sich eine schwarz-gelbe Regierung auf – womöglich bis zu zwanzig – Überhangmandate stützen. Die SPD regt sich aber darüber jetzt zu Unrecht auf: Sie hat nichts getan, um das Wahlrecht noch vor der Bundestagswahl zu reformieren. Überhangmandate waren schon immer Überdrussmandate – vor allem für die Partei, die gerade nicht davon profitierte. Sie entstehen, wenn eine Partei in einem Bundesland mehr Direktkandidaten durchbringt, als sie nach der Zahl ihrer Zweitstimmen eigentlich an Mandaten gewonnen hat. Da die Direktmandate der Partei nicht weggenommen werden können, erhöht sich die Zahl ihrer Abgeordneten um die Überhangmandate.

Kein Sitzausgleich im Bundestag

Wer zum Taschenrechner greift und ausrechnet, wie viele Zweitstimmen auf ein Mandat entfallen, stellt von Partei zu Partei große Unterschiede fest. Beim Stimmgewicht, das pro Sitz nötig ist, können sich Unterschiede von vielen tausend Stimmen ergeben. In Landeswahlgesetzen ist ein Ausgleich dafür vorgesehen: Es findet ein Verhältnisausgleich durch Zuteilung zusätzlicher Sitze an andere Parteien statt. Entsprechende Ausgleichsregelungen gibt es im Bund nicht. Die Exaltiertheiten des Wahlrechts können gar dazu führen, dass eine große Partei besser dasteht, wenn sie weniger Stimmen hat, weil sie dann womöglich mehr Sitze erhält. Das führt die Prinzipien der Demokratie ad absurdum. Deshalb urteilte Karlsruhe: Das ist verfassungswidrig.

Doping

Zu dieser Erkenntnis gelangte das Gericht freilich erst nach vier Anläufen: Schon 1957, 1963 und 1968 hatte es über das Wahlrecht zu entscheiden. Zwar sah das Gericht jedes Mal „Verzerrungen", hielt sie aber für noch tolerabel. Die Zahl der Überhangmandate war auch jeweils ziemlich gering: Bei der Wahl 1987 gab es nur ein einziges. 1994 stieg die Zahl (auch infolge sehr klein geschnittener Wahlkreise im Osten) dann aber auf 16. Das Gericht würgte, und kam zu einer Patt-Entscheidung. Das Wahlrecht blieb mit knapper Not bestehen, hatte aber nun einen giftigen Beigeschmack. Der Gesetzgeber reagierte nicht – wohl deswegen nicht, weil sich abwechselnd CDU/CSU und SPD mit diesem Gift dopen: Überhangmandate haben sowohl Kohl als auch Schröder die Kanzlerschaft gesichert.

Trend zum Parteien-Splitting

2008 dann der Donnerschlag: Die Richter erklärten das Wahlrecht endlich an allen Schwachpunkten für verfassungswidrig. Eigentlich hätte der 2005 gewählte Bundestag aufgelöst werden müssen. Aber wer hätte dann ein neues Wahlgesetz geschaffen? Die Richter erklärten die Wahl von 2005 daher nicht für nichtig, sondern gaben dem Gesetzgeber auf, sich an die Arbeit zu machen – und gaben ihm dafür sehr viel Zeit, nämlich bis zum 30. Juni 2011. Ex-Verfassungsrichter Mahrenholz kritisierte das scharf: Es gehe ja nicht um Details des Steuerrechts, sondern um den Kern der Demokratie. Die Toxizität des Wahlrechts wird sich am Sonntag krass zeigen: Das Splitting zwischen Erst- und Zweitstimmen, das zu den Überhangmandaten führt, wird im Fünf-Parteien-System weiter steigen. Immer mehr Wähler geben Erst- und Zweitstimme bei verschiedenen Parteien ab. 1957 waren das nur 6,4 Prozent der Wähler, 1990 bereits 15,6 Prozent, 2005 schon 24 Prozent. Das Wahlrecht ist darauf nicht eingestellt. Es ist zu 100 Prozent verfassungswidrig; denn, so das Gericht: „Eine Eingrenzung der Wahlfehler, die durch Anwendung der verfassungswidrigen Normen entstanden sind, ist kaum möglich." Die giftigen Normen vergiften das gesamte Gesetz. Es muss komplett überarbeitet werden. Der Boden, auf dem die nächste Regierung stehen wird, ist grausam schief.

Heribert Prantl, Wahlrecht: Legal, illegal völlig egal, in: SZ, 22.09.2009, in http://www.sueddeutsche.de/politik/wahlrecht-legal-illegal-voellig-egal-1.45558, Abruf: 10.06.2010.

Aufgaben:

1. Nennen Sie die Hintergründe, warum im Text von einer verfassungswidrigen Bundestagswahl die Rede ist.
2. Vergleichen Sie vor diesem Hintergrund ein absolutes bzw. relatives Mehrheitswahlsystem mit dem zurzeit in Deutschland bei Bundestagswahlen implementierten Wahlsystem.
3. Erklären Sie, warum es seitens der großen Parteien bisher keine Anstrengungen gegeben hat, die im Text genannte Schwäche des deutschen Wahlsystems zu beheben und erläutern Sie anhand ihrer Argumente, warum die GRÜNEN einen neuen Entwurf für ein neues Wahlgesetz vorgelegt haben.

6.3 Wahlkampf – Krampf oder Dampf in der Demokratie

Seite 118

!

Die Wahlkämpfe haben sich seit Beginn der BRD grundlegend geändert. Spätestens seit dem ersten TV-Duell 2002 zwischen Gerhard Schröder und Edmund Stoiber sprechen die Experten von der Amerikanisierung des deutschen Wahlkampfes (M 5). Mit Stefan Braun (M 2) könnte man kritisch hinzufügen: Nicht mehr Inhalte, sondern PR (Public Relations) in eigener Sache scheint die moderne Wahlkampfstrategie der Parteien zu sein. Dies gilt vor allem für die großen Volksparteien, weshalb nach Sinn und Funktion des Wahlkampfes an sich gefragt werden muss (M 3 – M 4). Neben den Parteien und den von ihnen geführten Wahlkämpfen werden abschließend die Wähler (M 6) und die Rolle der Demoskopie (M 7) beleuchtet. Die Schülerinnen und Schüler sollen somit imstande sein, einerseits zu klären, welche Akteure im Wahlkampf aufeinander Einfluss nehmen. Andererseits sollen sie in der Lage sein, zu beurteilen, ob die modernen Wahlkämpfe, „Krampf oder Dampf" in die Demokratie bringen.

Lösungsvorschlag zu den Aufgaben

Seite 123

✓

1. Änderungen im Wahlkampfstil Angela Merkels zwischen 2005 und 2009

Wahlkampfstil 2005:

- Auftritte eher angespannt, viele Erklärungen, viele Erläuterungen („Volksschulung")
- Attacken auf den Gegner, deutliche Positionen zu politischen Themen

Wahlkampfstil 2009:

- Auftritte nüchtern, freundlich, ruhig, erklärend
- vor Publikum sicherer als 2005
- lockerer Umgang mit Publikum, Nähe zur Bevölkerung („Marketing in eigener Sache")
- Themen schlicht, klar, einfach; keine Attacken gegen Gegner; Wahlkampf der „Überschriften" ohne inhaltliche Richtung; Folge: Unangreifbarkeit

2. Erörterung zur Aussage Langenbuchers: „Wahlkämpfe als Antwort auf Zukunftsprobleme"
Ursachen für gegenläufige Entwicklungen in M 3 – M 5:

Zum einen werden die Informationsfunktionen der Parteien und Kandidaten in modernen Wahlkämpfen als weniger wichtig erachtet. Dagegen tritt das Besetzen von Themen immer mehr in den Vordergrund. Was das Erkennen gesellschaftlicher Probleme betrifft, soll somit im Vergleich zu den Konkurrenten ein Kompetenzvorsprung signalisiert werden (M 3 – M 4). Darüber hinaus kommt es zu weiteren Schwerpunkten im Wahlkampf, die im Folgenden als Stichpunkte beispielhaft aufgeführt werden:

- Appell an die Emotionen der Bürger
- Vereinfachungen mit Schlagworten und Leerformeln
- Verwendung von öffentlichkeitswirksamen Schwarz-Weiß-Mustern
- Entpolitisierung als Wahlkampfstrategie (siehe Aufgabe 1 Merkels Wahlkampf 2009)
- Motivierung und Mobilisierung der Anhänger und Mitglieder

Zum anderen verändern auch die Medien ihre Art, über Wahlkämpfe zu berichten. Frank Brettschneider spricht daher von einer „Boulevardisierung" der Berichterstattung (M 5, Z. 20f.). Außerdem ist eine Tendenz zur „Amerikanisierung" des bundesdeutschen Wahlkampfs durch Personalisierung, Berichte zum Privatleben der Politiker, einen künstlich gesteigerten Wettkampfcharakter (ständige Bekanntgabe von Umfrageergebnissen, TV-Duelle) oder durch eine Zunahme der Kandidatenorientierung festzustellen. Positiv anzumerken ist schließlich, dass in der BRD trotz dieser aufgeführten Phänomene noch keine kontinuierliche Entsachlichung des Wahlkampfs zu erkennen ist.

3. **a)** Ursachen für die Flexibilität der Wähler
- Wähler ohne individuellen politischen Kompass für die Einschätzung von Politik
- Verlust der Parteibindung über Schichtzugehörigkeit und Bildungsgrad
- Verlust der Parteiidentifikation als Filter in einer unübersichtlichen Welt
- Zerfall von Gruppenzusammenhängen (Arbeitswelt, Religion, Freundeskreise)
- Orientierung des Wählers an kurzfristigen Chancen für die individuelle Selbstverwirklichung („Schnäppchenjäger")
- hohe Wankelmütigkeit der Wähler (Volatilität), verursacht durch Pragmatismus, Nützlichkeitsdenken, Innovationsbereitschaft

b) Folgen für Wahlkämpfe
- Ausrichtung von Wahlkampfsstrategien auf das volatile Verhalten der Wähler:
  - Verstärkung des Eventcharakters von Wahlkampfveranstaltungen
  - weniger Weltanschauungswahlkampf, sondern Betonen von Vergünstigungen für bestimmte Personengruppen (Klientelnähe)
- Emotionalisierung und Mobilisierungskampagnen
- Eingehen der Parteien auf die „Medienlogik": Wahlkampfplanung und Inszenierungen entlang von Sendungen und Medienereignissen, u.a. über
- Agenda-Setting: Lancieren von Themen, bei denen die eigene Partei als kompetent gilt
- Agenda-Cutting: Fernhalten von Themen aus den Medien, bei denen die eigene Partei als weniger kompetent gilt
- Agenda-Surfing: Aufspringen auf Themen, die sich – unabhängig vom Wahlkampf – in den Medien ergeben und Nutzen zum eigenen Vorteil (Veranstaltungen, besondere Ereignisse)
- stärkerer Einsatz von Web 2.0 – Möglichkeiten und Netzwerkeffekten: Nutzen von Youtube, Twitter, Facebook, Webblogs usw. für individuelle oder vermeintlich individuelle Kontakte
- Konzentration des Wahlkampfs auf die letzten Wochen („last minute swing")

4. Effekte von Wahlumfragen

Einflüsse auf die Wahlbeteiligung (mit möglichen Auswirkungen auf das Wahlergebnis):
- Mobilisierungs-Effekt: Erhöhung der Wahlbeteiligung bei zu erwartendem Kopf-an-Kopf-Rennen
- Defätismus-Effekt: Wegbleiben der Anhänger schwächerer Parteien bei angekündigter Chancenlosigkeit ihrer Partei
- Lethargie-Effekt: Wegbleiben der Anhänger einer als Sieger vermuteten Partei
- Bequemlichkeitseffekt: Wegbleiben unentschlossener Wähler bei sich im Voraus abzeichnendem Wahlergebnis

Einflüsse auf das Wahlverhalten:
- Bandwagon-Effekt: Umorientierung von Wählern zugunsten der zu erwartenden Siegerpartei
- Underdog-Effekt: Entscheidung zugunsten der vermuteten schwächeren Partei aus Trotz oder Mitleid
- Wasted-vote-Effekt/Fallbeil-Effekt: Entscheidung für oder gegen eine Partei auf Grund der Wahrscheinlichkeit bzw. Unwahrscheinlichkeit, ob die Partei die Fünfprozenthürde schafft
- Stütz-/Leihstimmeneffekt: taktisch motivierte Wahl einer zunächst nicht präferierten Partei zugunsten eines in Aussicht stehenden Koalitionspartners, um die Bildung einer Koalition abzusichern

Die Einschätzung der Auswirkungen auf Wahlentscheidungen hängen davon ab, wie man die Wirkung der Massenmedien insgesamt einschätzt. Stuft man sie eher als gering ein, wird man dem Wähler eher ein autonomes Verhalten zusprechen. Rechnet man mit einem starken Einfluss auf den Wähler, so ist die Veröffentlichung wegen der wahrscheinlichen Reaktionen der Wähler problematisch.

Diskussion zum Verbot von Wahlumfragen

Zur Information: Die Frage nach einem Veröffentlichungsverbot von **Umfragen** wird immer wieder – meist kurz vor Wahlen – diskutiert. In einigen Ländern (Frankreich, Portugal, Spanien) gilt dieses Veröffentlichungsverbot für die letzten Wochen vor der Wahl. **Wahlprognosen** werden erst mit Schließung der Wahllokale veröffentlicht. Als neues Problem stellt sich eine verfrühte Veröffentlichung von **„exit-poll"**-Ergebnissen (Nachfrage bei den Wählern, die aus dem Wahllokal kommen) am Wahltag z.B. über „Twitter" vor Schließung der Wahllokale. Dies ist aber in § 32 Abs.2 des Bundeswahlgesetzes verboten. Eine **Hochrechnung** ist in dieser Hinsicht problemlos, sie basiert ja auf der Grundlage erster Auszählungen.

Pro Veröffentlichung von Wahlumfragen:

- gegenseitiges Aufheben der verschiedenen Einflüsse auf das Wahlverhalten
- Hilfe für den Wähler: Information über die aktuelle Stimmungslage; dadurch Chance, die eigene Wahlentscheidung möglichst rational zu gestalten (Chance für den „taktischen Wähler")
- Schutz vor manipulierten Umfrageergebnissen durch breites Angebot an veröffentlichten Wahlumfragen
- juristische Argumente: Meinungsfreiheit der Meinungsforschungsinstitute, Informationsfreiheit des Wählers, Pressefreiheit und Freiheit der Berichterstattung
- Wirkungsforschung bisher ohne signifikante und sichere Erkenntnisse
- Verbot nutzlos, da Veröffentlichung von Umfragen auch von anderen Ländern aus möglich (Internet)

Kontra Veröffentlichung von Wahlumfragen:

- Instrumentalisierung der Umfrageergebnisse durch die Politiker
- Einfluss auf das Verhalten der Politiker:
- Orientierung von Handeln und Aussagen an Umfragen zur Vermeidung eines
- Popularitätsverlusts; damit Abbau von politischer Führung
- Vorspiegelung einer Exaktheit, die Sozialwissenschaftler selbst als problematisch einschätzen
- Vorwurf, Parteien würden sich Wahlumfragen mit für sie gut nutzbaren Ergebnissen gezielt bestellen oder sie entsprechend „designen"

Seite 125

!

7. Parlament, Regierung und Opposition

Das Kapitel „Parlament, Regierung und Opposition“ befasst sich mit den zentralen politischen Akteuren des politischen Systems der BRD. Zu Beginn steht das Amt des Bundeskanzlers und seine Bedeutung für den politischen Prozess im Mittelpunkt. Die Arbeitsweise des Deutschen Bundestages und seine Kontrollrechte gegenüber der Exekutive sowie die Stellung des einzelnen Abgeordneten werden in den folgenden Teilkapiteln bearbeitet.
Abgeschlossen wird das Kapitel mit der Frage, ob der Bundestag als gesetzgebende Instanz der Bundesrepublik Deutschland durch die EU entmachtet wird und sich eine politische Gewichtsverlagerung weg von nationalen Institutionen hin zur EU vollzieht.

Folgende Kompetenzen sollen in Kapitel 7 vermittelt werden:

Sachkompetenzen	▪ Die Stellung des Bundeskanzlers beschreiben ▪ Die Arbeitsweise und die Aufgaben des Bundestages darstellen ▪ Elemente der Gewaltenteilung und Gewalten-verschränkung erläutern ▪ Die Stellung der Abgeordneten darlegen
Methodenkompetenzen	▪ Kategorien „Verfassungsnorm“ und „Verfassungs-realität“ anwenden ▪ Schaubilder entwerfen ▪ Übersichten über die Kontrollrechte des Bundestages gestalten
Urteilskompetenzen	▪ Kontrollrechte des Deutschen Bundestages bewerten ▪ Strategien der Opposition bewerten ▪ Den Prozess der „Entparlamentarisierung“ durch die europäische Integration beurteilen

Seite 127

!

7.1 Bundeskanzler und Bundesregierung

Das erste Unterkapitel schafft Klarheit, wenn es darum geht, welche Aufgaben, Rechte oder Pflichten ein Bundeskanzler bzw. die gesamte Bundesregierung im System der BRD haben. Angefangen mit den Arbeitsfeldern des Bundeskanzlers M 1 werden in M 2 und M 3 seine verfassungsrechtliche Rolle und die entsprechenden Grenzen dargestellt. M 4 und M 5 thematisieren die von ihm gebildete Bundesregierung und nehmen Stellung zu den Kategorien „Verfassungsnorm“ und „Verfassungsrealität“, was die Stellung des Bundeskanzlers innerhalb des Kabinetts betrifft. Abschließend wird in M 6 und M 7 kritisch hinterfragt, welche Machtinstrumente der Regierung zur Verfügung stehen, um gesellschaftliche Probleme zu lösen.

Seite 127

Lösungsvorschlag zu der Aufgabe

Die Arbeitsfelder der Bundeskanzlerin
Die Arbeitsfelder der Bundeskanzlerin sind vielfältig. Die Aufgabe zeigt bereits, wie komplex das Regieren ist und dass es sich nicht auf Entscheidungen im Kabinett beschränkt. Vielmehr braucht die Kanzlerin kommunikative Fähigkeiten, um für ihre politischen Ziele zu werben. Ferner muss sie sich bei internationalen Verhandlungen durchsetzen können. Die Bilder zeigen folgende Arbeitsfelder: Entscheidungen treffen und beraten im Kabinett, die Öffentlichkeit gewinnen – hier eine Rede vor dem deutschen Arbeitgebertag, an internationalen Konferenzen teilnehmen, Presseerklärungen abgeben, mit Menschen ins Gespräch kommen.

Seite 129

Lösungsvorschlag zu den Aufgaben

1. – 2.

Der Bundeskanzler verfügt über eine starke Stellung im politischen Prozess.

Macht des Bundeskanzlers	Politische Gegengewichte
▪ Hohe Legitimität des Kanzlers, da er als einziges Mitglied der Bundesregierung vom Bundestag gewählt wurde ▪ Kann die Vertrauensfrage stellen (Art. 68) ▪ Der Kanzler schlägt die Minister zur Ernennung und Entlassung vor ▪ Er bestimmt die Richtlinien der Politik und trägt dafür die Verantwortung (Art. 65) ▪ Er verfügt über die Organisationsgewalt der Regierung, d.h. er bestimmt über die Anzahl und Struktur der Ministerien ▪ Die Amtszeit der Minister endet mit der Amtszeit des Bundeskanzlers	▪ Der Bundestag kann den Bundeskanzler mit einem konstruktiven Misstrauensvotum abwählen (Art. 67) ▪ Meist regiert der Kanzler in einer Koalition und muss sich auch nach den Interessen des Koalitionspartners richten ▪ Er muss die Interessen seiner Wählerschaft berücksichtigen, ansonsten gefährdet er seine Wiederwahl ▪ Bei der Zusammenstellung des Kabinetts müssen die Regionen, Geschlechter und Konfessionen berücksichtigt werden

Seite 130

Lösungsvorschlag zu der Aufgabe

„Verfassungsnorm und Verfassungsrealität" in Verbindung mit der Richtlinienkompetenz des Bundeskanzlers (Art. 65 GG)

Verfassungsnorm ⟷	Verfassungsrealität
Der Kanzler bestimmt die Richtlinien der Politik (Art. 65 GG)	Der Kanzler ist in ein komplexes System eingebunden und kann nicht uneingeschränkt von seiner Richtlinienkompetenz Gebrauch machen. Regieren findet nicht nur im Kabinett statt und wichtige Entscheidungen werden oft in anderen Gremien getroffen, so z.B. in Koalitionsausschüssen

Seite 132

✓

Lösungsvorschlag zu den Aufgaben

1. Vertrauensfrage als Machtmittel des Bundeskanzlers
Der Bundeskanzler kann die Vertrauensfrage als Machtmittel gegenüber den Regierungsfraktionen im Parlament einsetzen. So hat beispielsweise Bundeskanzler Schröder die Entscheidung für den Afghanistaneinsatz der Bundeswehr mit der Vertrauensfrage verknüpft und so eine parlamentarische Mehrheit allein durch die damaligen Regierungsfraktionen SPD und Bündnis 90/Die Grünen erwirkt.
Verweigert das Parlament dem Kanzler die Zustimmung, so kann er dem Bundespräsidenten vorschlagen, den Bundestag aufzulösen.

2. Fähigkeit von Regierungen, Probleme zu lösen
Die Probleme, die die Politik heute beschäftigen, sind viel zu komplex, als dass die Regierung im Alleingang eine Lösung herbeiführen könnte. Regieren ist eine sehr anspruchsvolle Aufgabe geworden, die die Einbindung verschiedener Akteure erforderlich macht. Oft verfügen Regierungen auch nicht über das notwendige Steuerungswissen, um Probleme alleine bearbeiten zu können. Vielmehr besteht die Aufgabe der Regierung darin, Verhandlungs- und Steuerungssysteme zu schaffen, in denen die wichtigen Akteure ihre Interessen einbringen können. Regieren wird so zu einer Aufgabe, die weit über das reine Entscheiden hinausgeht.

3. Sind Regierungen unfähig, Probleme zu lösen? (M 7)
Argumente, die die Thesen des Autors von M 7 stützen, können sein:

- Probleme moderner Gesellschaften sind viel zu komplex, als dass einzelne Politiker sie lösen könnten. Politiker müssen sich sogenannter Experten bedienen, sprich: die Problemlösung wird mit anderen Außenstehenden erörtert und beraten.
- In Koalitionsregierungen gilt es, gemeinsam festzulegen, welche Politikinhalte in welcher Form umgesetzt werden. Hier müssen die Koalitionäre Verhandlungsgeschick und Kompromissbereitschaft zeigen, um zu veritablen Ergebnissen zu kommen.

Argumente, die die Thesen des Autors von M 7 nicht stützen, können sein:

- In akuten Krisensituationen ist oftmals keine Zeit mehr vorhanden, um alle Experten, alle Betroffenen und alle Interessenten um eine Expertenmeinung zu bitten bzw. um alle Beteiligten zu überzeugen. Krisensituationen erfordern ein schnelles und von allen Seiten der Regierung mitgetragenes Handeln: so geschehen bei der Krisensitzung kurz vor dem Kollaps der Immobilienbank Hypo Real Estate während der Finanzkrise im Oktober 2008 und die damit verbundene Versicherung der Bundesregierung, dass alle Spareinlagen sicher seien.
- Es gibt Grundsatzentscheidungen, die unsere Gesellschaft in bestimmte Richtungen lenken lassen. Beispiele können sein: Atomausstieg, Genfood, Sterbehilfe, außenpolitisiche Entscheidungen (Entscheidung gegen den Eintritt in den Irakkrieg), u.a.

Zusatzmaterial: Karikatur

Seite 132

+

Karikatur: Thomas Plassmann

7.2 Wie arbeitet der Deutsche Bundestag

Seite 135

!

Im Kapitel 7.2 erhalten Schülerinnen und Schüler Einblicke in die Arbeitsweise des Bundestages. Das Bild des Bundestages in der Öffentlichkeit ist geprägt durch den Vorwurf, die Abgeordneten würden ihre parlamentarische Arbeit vernachlässigen. Dies wird oft an den „leeren Reihen" im Parlament festgemacht. Dass aber die eigentliche Arbeit in den Ausschüssen stattfindet, wird in den Medien selten thematisiert. M 1 – M 4 geben Auskunft darüber, wie die Ausschussarbeit organisiert ist, welche und wie viele Ausschüsse es gibt und klären schließlich auf, was die Unterschiede zwischen einem Rede- und Arbeitsparlament sind. Welche Aufgaben der Deutsche Bundestag erfüllt und wie er dabei die Arbeit der Bundesregierung kontrollieren kann, wird in M 5 dargestellt. Im Anschluss daran betrachtet Heribert Prantl kritisch in M 6, dass das Parlament mehr und mehr zum „Abnick-Parlament" mutiert und das Gewicht der Regierung im Gesetzgebungsprozess immer größer wird. Wer wie viele Gesetze in den Bundestag der 16. Legislaturperiode getragen hat, klärt die abschließende Statistik von M 7 auf.

Seite 137

Lösungsvorschlag zu den Aufgaben

1. Karikatur von M 1
Die Karikatur verdeutlicht einen weitverbreiteten Eindruck: die Debatten, die im Bundestag stattfinden, sind langweilig. Die Bürgerinnen und Bürger interessieren sich wenig dafür. Aus der Sicht der Abgeordneten ist dieser Befund zuallererst niederschmetternd. Erklärt werden kann dieser Eindruck dadurch, dass der Deutsche Bundestag eben auch ein Arbeitsparlament ist und deswegen die wesentliche parlamentarische Arbeit in den Ausschüssen stattfindet. Die Debatten im Plenum sind – abgesehen von Regierungserklärungen und manchen aktuellen Stunden – dann nur eine Wiederholung der politischen Arbeit in den Ausschüssen. Deshalb werden die öffentlichen Debatten von den Abgeordneten oft auch schlecht besucht. Die beiden „Schlafenden" in M 1 haben die Erwartung, dass der Bundestag ein reines Redeparlament mit vielen spannenden Debatten ist, werden dann mit der Realität eines Arbeitsparlaments konfrontiert und sind enttäuscht.

2. Aufgaben der Ausschüsse
Grundsätzlich diskutieren die Abgeordneten in den Ausschüssen Sinn und Unsinn politischer Maßnahmen. Die Vertreter der Opposition bringen Änderungswünsche ein, stehen aber einer Mehrheit der Regierungsfraktionen gegenüber. Die Ausschüsse hören Sachverständige an und lassen sich von Experten beraten. Im Ausschuss findet die entscheidende Beratung über die Gesetzesentwürfe statt. Die abschließende Beratung im Plenum des deutschen Bundestages stellt demnach nur eine Wiederholung der Diskussionen dar, die bereits in den Ausschüssen geführt wurden.

3. Unterschiede zwischen Rede- und Arbeitsparlament

Redeparlament	Arbeitsparlament
■ Nimmt für sich in Anspruch, das wichtigste politische Forum einer Nation zu sein ■ Die Ausschüsse sind von geringerer Bedeutung für den politischen Prozess ■ Meist treffen bei großen Debatten die politischen Kontrahenten – Regierungschef und Oppositionsführer – aufeinander. Voraussetzung dafür ist, dass der Regierungschef auch über ein Rederecht im Parlament verfügt.	■ Im Arbeitsparlament findet die wichtigste politische Arbeit in den Ausschüssen statt. ■ Reden im Plenum verlieren gegenüber der Detailarbeit in den Ausschüssen an Bedeutung ■ Kontrolle der Exekutive findet nicht primär über die öffentliche politische Rede statt, sondern v.a. in den Ausschüssen, in denen Vertreter der Exekutive Rede und Antwort stehen müssen.

Der Deutsche Bundestag stellt eine Mischform zwischen den beiden Typen dar. Auf der einen Seite ist der Bundestag ein Arbeitsparlament. Dies zeigt sich durch das vielverzweigte Ausschusswesen und die komplexe Arbeit an den Gesetzesentwürfen, die in das Parlament eingebracht werden. Auf der anderen Seite stellen die Debatten, die im Bundestag stattfinden, ein wesentliches Element des politischen Diskurses dar.

Lösungsvorschlag zu den Aufgaben

Seite 140

✓

1. Aufgaben des Bundestages

Wahlfunktion	Gesetzgebungsfunktion
Der Bundestag wählt den Bundeskanzler der Bundesrepublik Deutschland (Art. 63). Damit bestimmt er das wichtigste politische Amt.	Der Bundestag berät und beschließt Gesetze und beeinflusst dadurch die politische Entwicklung des Landes maßgeblich.
Kontrollfunktion	**Budgetrecht**
Nach der klassischen Gewaltenteilungslehre kontrolliert das Parlament die Regierung. Im System der Gewaltenverschränkung fällt diese Aufgabe maßgeblich der Opposition zu.	Das Parlament hat das Recht, Steuern und Abgaben zu bewilligen und den Haushalt des Bundes zu beschließen. Damit bestimmt das Parlament wesentlich, wofür die Regierung Geld ausgeben darf.
Willensbildungsfunktion	**Artikulationsfunktion**
Das Parlament soll „Forum der Nation" sein. Im Bundestag sollen die wichtigsten politischen Themen diskutiert und Lösungskonzepte entwickelt werden.	Im Parlament soll das zur Sprache kommen, was die Menschen bewegt. Die Abgeordneten sollen die Wünsche und Interessen der Bürger vertreten (Repräsentation).

2. Prantls kritische Sicht auf das Abstimmungsverhalten im Bundestag
Prantl kritisiert, dass das Parlament seine wichtigsten Aufgaben nicht mehr voll erfüllt. Als Beispiel dient ihm die Föderalismusreform, die wesentlich im außerparlamentarischen Bereich – in der Exekutive – vorbereitet und beschlossen wurde. Das Parlament selbst wird zur reinen Ratifikationsinstanz degradiert. Prantl beklagt, dass das Gewicht der Exekutive auf die Gesetzgebung sehr groß geworden sei (Z. 42ff.) und der Bundestag an Bedeutung verliere.

3. Statistik der Gesetzgebung der 16. Wahlperiode
M 7 zeigt, dass die überwältigende Mehrheit der vom Bundestag in der 16. Wahlperiode verabschiedeten Gesetze Regierungsvorlagen waren. Von 616 verabschiedeten Gesetzen entstammen 488 der Exekutive. Dies verdeutlicht die Dominanz und den Einfluss der Exekutive auf die Gesetzgebungsarbeit des Bundestages. M 7 kann als Beleg für Prantls Kritik gesehen werden.

Seite 140

Zusatzmaterial zu M 1 – M 7: Kontrovers diskutiert: Soll das Parlament sich selbst auflösen dürfen?

Streitgespräch zwischen Günter Nooke (Kultur- und medienpolitischer Sprecher der CDU/CSU-Fraktion im 16. Bundestag) und Hans-Christian Stöbele (stellvertretender Fraktionsvorsitzender von Bündnis90/Die Grünen im 16. Bundestag)

Auch wenn Neuwahlen für den Herbst 2005 verkündet wurden – am Verfahren der gezielten Niederlage bei der Vertrauensabstimmung trotz einer vorhandenen Mehrheit gab es Kritik, manche sahen darin eine Verfassungsmanipulation. Wäre es nicht besser, wenn sich das Parlament künftig selbst auflösen könnte? Darüber führte BLICKPUNKT BUNDESTAG ein Streitgespräch mit dem stellvertretenden Fraktionsvorsitzenden von Bündnis 90/Die Grünen, Hans-Christian Ströbele, und dem CDU/CSU-Abgeordneten Günter Nooke, kultur- und medienpolitischer Sprecher seiner Fraktion.

Blickpunkt Bundestag: Hätten wir uns nicht viel politisches Gewürge ersparen können, wenn das Grundgesetz die Selbstauflösung des Bundestages erlaubte?

Günter Nooke: Die Diskussionen darüber, ob Neuwahlen sinnvoll sind oder nicht, werden immer lebendig sein, egal, wie die Verfassungslage aussieht. Langfristig halte ich das Selbstauflösungsrecht des Bundestages in der Tat aber für den richtigen Weg.

Hans-Christian Ströbele: Tatsächlich war es einigermaßen absurd, dass ich mein Vertrauen in den Kanzler dadurch demonstrieren sollte, dass ich ihm das Vertrauen verweigere. Diese Zumutung habe ich auch nicht mitgemacht. Dennoch bin ich dagegen, dass sich der Bundestag ein Selbstauflösungsrecht zubilligt. Denn dadurch bringen wir das gesamte Verfassungsgefüge durcheinander. (...)

Blickpunkt: Immerhin ist das Parlament der direkt gewählte oberste Souverän. Warum nicht ihm überlassen, was man jetzt dem Kanzler und dem Bundespräsidenten zuordnet?

Nooke: Ich finde auch, dass man diese wichtige Frage nicht allein dem Bundespräsidenten zuordnen sollte, zumal er ja von vielen Seiten unter Druck gesetzt wird. In meinen Augen ist es ehrlicher, wenn die Abgeordneten als erste Gewalt im Lande diese Verantwortung auf sich nähmen. Die Bedenken des Kollegen Ströbele, dass eine Mehrheit dann nach Belieben wieder Neuwahlen ansetzen kann, teile ich nicht. Erstens muss dem natürlich ein hohes Quorum entgegenstehen; außerdem: So spannend sind Wahlkämpfe nun auch wieder nicht, als dass man sie beliebig vom Zaun brechen würde. Dass mit dem Selbstauflösungsrecht kein Missbrauch getrieben wird, zeigt auch ein Blick auf jene Bundesländer, in denen es dieses Recht schon heute gibt.

Ströbele: Unser ganzes Verfassungssystem mit Fünf-Prozent-Hürde und konstruktivem Misstrauensvotum setzt auf stabile Mehrheiten. Mit der Einführung des Selbstauflösungsrechts würde dieses unterlaufen. Die Parlamentsauflösung soll eine absolute Ausnahme bleiben. Hat eine Regierung die Mehrheit nicht mehr sicher, sollen sich im einmal gewählten Parlament neue Mehrheiten zusammenfinden. Der scheinbar klare Weg der Selbstauflösung führt in die Gefahr des Missbrauchs. Auch hohe Quoren sind kein Schutz. Keine Opposition wird es politisch durchhalten, sich einem Antrag der Mehrheit auf Neuwahlen zu verweigern. Eine Opposition, die nicht jede Chance nutzt, zur Mehrheit gewählt zu werden, wird nicht mehr ernst genommen.

Blickpunkt: Ist das Grundgesetz zu stark auf parlamentarische Stabilität fixiert? Immerhin sind die Zeiten der labilen Weimarer Republik seit über 70 Jahren vorbei ...

Nooke: Richtig ist, dass unsere Verfassung ein an den Negativprojektionen von Weimar und der Nazi-Zeit entstandenes Gebilde ist. Von der Grundtendenz ist unser Grundgesetz eine Nachkriegsverfassung. Inzwischen aber sind wir eine gefestigte Demokratie. Und deshalb finde ich, dass wir uns die Rechte, die auch andere Parlamente in der Welt haben, selbstbewusst zubilligen sollten. Ich denke wirklich, dass wir Abgeordnete damit verantwortungsvoll umgehen können.

[...]

Blickpunkt: Noch einmal nachgefragt: Werden Verfassung und auch das Wort Vertrauen nicht überstrapaziert, wenn – wie bei Brandt 1972, bei Kohl 1983 und nun bei Schröder geschehen – die Vertrauensfrage mit dem Ziel der Ablehnung gestellt wird, obwohl das Vertrauen der Mehrheit in den Kanzler durchaus vorhanden war?

Ströbele: Das ist mit dem Sinn der Verfassung schwer zu vereinbaren. Deshalb haben es sich viele Abgeordnete bei der Abstimmung ja auch nicht leicht gemacht. Jedenfalls gilt das für mich. Ich habe mich nicht danach entschieden, was mein Kanzler oder meine Fraktionsführung gerne hätten, sondern was ich für richtig und mit meinem Gewissen für vereinbar halte. Das war ganz schön schwierig.

[...]

Blickpunkt: Wie hoch müsste – sollte es ein Selbstauflösungsrecht geben – die Hürde dafür sein: Bei einer Zweidrittelmehrheit oder noch höher?

Ströbele: Ich bleibe bei der Ablehnung. Deshalb müsste sie möglichst hoch sein. Eine Dreiviertel- oder gar Vierfünftelmehrheit wäre angebracht, damit eine Regierungsmehrheit nicht beliebig mit diesem weit reichenden Instrument umgehen kann. Allerdings könnte man dann auch fragen, was vom Selbstauflösungsrecht noch übrig bliebe.

Nooke: Ich hielte eine Dreiviertelmehrheit für richtig. Um so deutlich zu machen, dass dies eine außergewöhnliche Entscheidung des Parlaments ist.

Sönke Petersen, 17.08.2005, in: http://www.bundestag.de/blickpunkt/101_Themen/0506/0506026.html; 15.07.2010.

7.3 Wie kontrolliert der Bundestag die Bundesregierung

Seite 143

Wurde im vorangegangenen Kapitel noch kritisch diskutiert, dass der Bundestag immer öfter Gesetzesvorlagen nur noch „abnicken“ würde, geht es in diesem Unterkapitel um die Kontrollrechte des Bundestages gegenüber der Regierung. Die Schülerinnen und Schüler lernen, dass die Parlamentarier in Ihrer Gesamtheit nicht auf bloße „Abnicker“ reduziert werden können. Vielmehr besitzt der Bundestag ausgewogene Instrumente, um seine Regierung zu kontrollieren. M 1 – M 3 informieren darüber, welche Instrumente dies sind. Anhand der Statistik in M 4 sehen die Schülerinnen und Schüler, wie oft welche Mittel zur Kontrolle in den Perioden 1998 – 2002 und 2002 – 2005 eingesetzt wurden. Im Folgenden stellt Wolfgang Rudzio klar, dass das Parlament als Ganzes keine in sich geschlossene Einheit bildet, sondern Bundestagsmehrheit und Opposition verschiedene Rollen und Funktionen übernehmen. Abschließend thematisieren M 6 und M 7 zusammenfassend Mittel und Strategien der Opposition, um die Bundesregierung zu kontrollieren.

Lösungsvorschlag zu den Aufgaben

Seite 144

1. Parlamentarische Kontrollrechte des Bundestags
Die Kontrolle der Regierung stellt eine zentrale Aufgabe des Bundestages dar. Um dieser Aufgabe gerecht zu werden, verfügt der Bundestag über eine Reihe von Kontrollrechten.

Budgetrecht	Konstruktives Misstrauensvotum
Der Bundestag muss das Haushaltsgesetz verabschieden, ohne das die Bundesregierung keine Mittel zur Verfügung hat.	Der Bundestag kann mit der Mehrheit seiner Mitglieder einen neuen Bundeskanzler wählen und so die Regierung stürzen.

Ausschüsse	Fragerechte
In den ständigen Ausschüssen kontrolliert das Parlament die Regierungsarbeit. In besonderen Fällen können Untersuchungsausschüsse eingerichtet werden. Das Parlamentarische Kontrollgremium kontrolliert die Arbeit der Geheimdienste.	Der Bundestag verfügt über eine Reihe von Fragerechten, mit denen er Informationen von der Regierung bekommen kann.

2. Effizienz der Kontrollmöglichkeiten
Die Schülerinnen und Schüler sollen unter dem Aspekt der Effizienz die Kontrollmöglichkeiten beurteilen. So ist bspw. das Budgetrecht ein sehr effizientes Mittel. Ein weiteres Kriterium, mit dem die Kontrollrechte beurteilt werden können, stellt die öffentliche Wirkung dar. So werden Untersuchungsausschüsse medienwirksam eingerichtet, während die Arbeit in den ständigen Ausschüssen meist wenig öffentliche Resonanz findet.

Seite 146

Lösungsvorschlag zu den Aufgaben

1. Nutzung der parlamentarischen Kontrollrechte
M 4 zeigt, dass die parlamentarischen Kontrollrechte – hier die Fragerechte des Bundestages – meist von der Opposition wahrgenommen werden. Die Zahlen sind eindeutig: Im Zeitraum zwischen 2002 und 2005 wurden 100% der Großen Anfragen und 99,7% der Kleinen Anfrage von der Opposition gestellt.

2. Wie kommt es zu diesen eindeutigen Zahlen? Befund von M 4, erklärt mit M 5
Der Befund aus M 4 ist auf das System der Gewaltenverschränkung zurückzuführen. In diesem System steht den Regierungsfraktionen, die die Regierung gewählt haben, diese stützen und personell sehr eng mit ihr verwoben sind, die Opposition der restlichen Parteien gegenüber. Die eigentliche parlamentarische Kontrollarbeit wird von der Opposition ausgeübt. Sie sucht den Weg in die Öffentlichkeit und versucht sich als bessere Alternative zur Regierung darzustellen. Die Fraktionen der Regierungsmehrheit bevorzugen eine interne Kontrolle, die den Weg in die Öffentlichkeit nicht sucht. Die Regierung soll öffentlich nicht beschädigt werden.

3. Untersuchungsausschüsse: Aufklärung oder pol. Kampfmittel
M 6 beschäftigt sich mit der Ambivalenz parlamentarischer Untersuchungsausschüsse. Nachfolgende Tabelle nennt die entsprechenden Argumente:

„Instrumente der Aufklärung"	„politische Kampfmittel"
Der Bundestag hat das Recht Untersuchungsausschüsse zu bilden. Untersuchungsausschüsse können Zeugen laden – auch beispielsweise den Bundeskanzler – und diese vereidigen. Sie können die Herausgabe von Akten fordern und sind somit ein starkes Kontrollinstrument, um Verfehlungen der Exekutive aufzudecken.	Untersuchungsausschüsse werden primär von der Opposition beantragt und medienwirksam inszeniert. Ziel ist dann weniger, den Sachverhalt aufzuklären, als vielmehr der Regierung zu schaden.

Seite 147

Lösungsvorschlag zu den Aufgaben

1. Oppositionsstrategien aus der Tagespresse
Schülerinnen und Schüler sollen Überschriften aus Zeitungen über einen längeren Zeitraum sammeln und den Oppositionsstrategien zuordnen. Damit verbinden sie die analytische Unterscheidung der Strategien mit dem politischen Tagesgeschäft und ihren eigenen politischen Erfahrungen.

2. Oppositionsstrategien zur Diskussion
Die Aufgabe erfordert ein kriteriengeleitetes Urteil. Schülerinnen und Schüler sollen sich bewusst machen, nach welchen Gesichtspunkten/Kriterien sie ihr Urteil fällen. Ist das Ziel, die Regierung zu stürzen und die nächste Wahl zu gewinnen oder möchte man Teilerfolge bei politischen Sachfragen und Problemen auch während der Oppositionszeit gewinnen. Je nachdem, welches Ziel die Opposition verfolgt, erscheint eine andere Strategie sinnvoll. Abschließend können die Strategien der aktuellen Oppositionsparteien bewertet werden.

Seite 140

Zusatzmaterial zu M 7: Folie oder Tafelbild zu den parlamtarischen Kontrollrechten

Die Fragerechte des Bundestages

Parlamentarische Kontrollrechte

Große Anfrage

Schriftliche Anfrage zu einem größeren politischen Themenkomplex durch eine Fraktion bzw. mindestens 5 % der Abgeordneten

An die Beantwortung durch die Bundesregierung schließt sich in der Regel eine Debatte vor dem Bundestag an.

Kleine Anfrage

Schriftliche Anfrage zu konkreten Einzelthemen durch eine Fraktion bzw. mindestens 5 % der Abgeordneten

Die Antwort erfolgt schriftlich durch das jeweils zuständige Bundesministerium.

Fragerechte des Bundestags

Hauptfunktionen:

- **Beschaffung von Informationen**
- **öffentliche Herausforderung der Regierung durch die Opposition**
- **Gelegenheit, die Haltung der Opposition darzulegen**

Fragestunde

Einzelfragen zur mündlichen oder schriftlichen Beantwortung, von einzelnen Abgeordneten eingebracht

Mündliche Beantwortung in den beiden wöchentlichen Fragestunden des Bundestags

Möglichkeit für die Abgeordneten, mit Zusatzfragen nachzuhaken

Aktuelle Stunde

Politische Debatte mit Kurzbeiträgen zu einem aktuellen Thema auf Verlangen einer Fraktion bzw. von mindestens 5 % der Abgeordneten oder nach Vereinbarung

Redezeit für die Abgeordneten:
5 min; Gesamtdauer: 1 Stunde
+ Redezeit der Regierung

Erich Schmidt Verlag, Zahlenbilder 66 250

Seite 140

Zusatzmaterial zu Kapitel 7.3: Droht eine Aushöhlung der parlamentarischen Demokratie?

Repräsentative Demokratie basiert darauf, dass mittels Wahl auf Zeit Verantwortung übertragen wird. Die Möglichkeit, den Inhaber eines öffentlichen Amtes für seine politischen Handlungen zur Rechenschaft zu ziehen, besteht im Wesentlichen bei der nächsten Wahl. Voraussetzung dafür ist, dass die Entscheidungen zurechenbar sind. In dem Maße, wie eine wachsende Zahl von informellen Gremien an ihnen beteiligt ist, wird dies erschwert. In diesem Zusammenhang erweist sich die faktische Bindungswirkung von Konsensverhandlungen mit Verbänden in besonderer Weise als problematisch, da „das Parlament in die Rolle der Ratifikationsinstanz gedrängt wird, die [...] nur mit Ja oder Nein antworten kann, weil andernfalls das mühsam erzielte Verhandlungsergebnis auseinanderbrechen würde“. Dies bedeutet, dass die Abgeordneten Verantwortung für eine politische Entscheidung übernehmen, auf die sie keinen oder nur minimalen Einfluss hatten. Dem steht entgegen, dass das formale Letztenscheidungsrecht des Parlaments eine rechtliche Hürde darstellt, die ihrerseits Vorwirkungen auf den informellen Verhandlungsprozess entfaltet. Wie weit die Entmachtung des Parlaments gehen kann, ist dann eine Frage des Entscheidungsprozesses innerhalb der Fraktionen der regierenden Mehrheit, deren Zustimmung erforderlich ist. Hier sind beide Möglichkeiten denkbar: eine Einbindung in den Verhandlungsprozess zumindest durch einzelne Vertreter oder ein weitgehender Ausschluss aus den Verhandlungen, der jedoch stets die Gefahr birgt, die Folgebereitschaft der Fraktion mittelfristig zu gefährden. Auch für den Fall der Beteiligung von Fraktionsexperten sind negative Auswirkungen zu beobachten, da diese zur Hierarchisierung innerhalb der Fraktionen beiträgt. [...] Auch die Kommissionen erweisen sich im Hinblick auf die politische Verantwortung als problematisch. Expertenwissen kann dazu führen, dass politische Verantwortung nicht übernommen, sondern an scheinbar „objektiv“ urteilende Experten delegiert wird. Angesichts des in den Ministerien und durch zahlreiche Gutachten ohnehin verfügbaren Expertenwissens ist nicht von der Hand zu weisen, dass das „Ziel der Kommissionen [...] gerade nicht die Gewinnung von Expertise (ist), da die notwendigen Daten ebenso wie vielfältige Konzepte längst vorliegen und bekannt sind. Ihre wesentliche Funktion besteht vielmehr darin, die Durchsetzungschancen zu erhöhen“. Kündigt die Regierung an, die Empfehlungen von Expertenkommissionen – wie bei den Plänen zur Reform der Bundesanstalt für Arbeit – „1:1“ umzusetzen, so ist dies ein Versuch, sich von der Last der eigenen Entscheidung und deren Begründung zu befreien. Politische Verantwortung wird durch die Kommissionen und Expertenrunden insofern nicht aufgehoben, als die Federführung bei der Regierung bleibt und das Letztentscheidungsrecht des Parlaments besteht. Die „verfassungsrechtliche Vermutung der Autorschaft und Verantwortlichkeit“ liegt bei den demokratisch legitimierten Verfassungsorganen. Dennoch droht die Bedeutung des Parlaments relativiert zu werden: In dem Maße, wie das Parlament auf die Rolle der Ratifikationsinstanz reduziert wird, wird es auch als Ort der öffentlichen Debatte über Politik, als „Forum der öffentlichen Rechtfertigung und Kritik der unterschiedlichen Standpunkte“, entwertet. Gründet sich eine Entscheidung auf den Konsens zwischen Regierungsmehrheit und Opposition oder ist sie mit dem Mythos der Objektivität des Expertenrats versehen, so droht die strittige Diskussion über das politisch Gewünschte und damit der Kerngehalt demokratischer Politik verloren zu gehen. Dies entzieht auch dem Wettbewerb um die Wählerstimmen den Boden und lässt Wahlen an Bedeutung verlieren.

Julia von Blumenthal: Auswanderung aus den Verfassungsorganen – Kommissionen und Konsensrunden, APUZ B43/2003.

7.4 Die Stellung der Abgeordneten

Seite 150

!

Nachdem die Unterkapitel 7.2 und 7.3 die Aufgaben und Funktionen des Bundestages im Allgemeinen behandelt haben, wird nun die Arbeit und Stellung der Abgeordneten im Besonderen thematisiert. Am Anfang schildert der SPD-Abgeordnete Marco Bülow den Schülerinnen und Schülern seine Erfahrungen mit dem Fraktionszwang. In diesem Zusammenhang ist es wichtig, dass Schülerinnen und Schüler zwischen der Verfassungsnorm und der Verfassungsrealität unterscheiden können. Im Anschluss daran klassifiziert M 4 die Abgeordneten nach Berufsgruppen, um ein Bild über die berufliche Herkunft und damit ein eventuell ableitbares Selbstverständnis unserer Volksvertreter aufzuzeigen. Im Abschlussinterview (M 5) dieses Unterkapitels werden alle behandelten Punkte um den Abgeordneten wieder aufgegriffen und von Christian Ströbele entsprechend gewichtet.

Lösungsvorschlag zu den Aufgaben

Seite 153

✓

1. Spannungsverhältnis zwischen „freiem Mandat" und „Fraktionszwang"

Verfassungsnorm	Verfassungsrealität
Art. 38 GG Freies Mandat, d.h. Abgeordnete sind nicht an Weisungen gebunden, sondern nur ihrem Gewissen unterworfen.	Die Abgeordneten sind in ein kompliziertes Geflecht unterschiedlicher Interessen eingebunden. Diese unterschiedlichen Loyalitäten erzeugen Konflikte. Sie sind gegenüber ihren Wählern Rechenschaft schuldig, eingebunden in Partei und Fraktion und u.U. Teil der Regierungsfraktion im Parlament. Von Seiten der Regierung wird Loyalität erwartet und eingefordert.

2. Umgekehrte Fraktionsdisziplin
Politische Sachfragen zeichnen sich durch eine hohe Komplexität aus. Dies führt dazu, dass auch unter den Abgeordneten eine Spezialisierung stattfindet: Sie werden auf einem bestimmten Gebiet zu Experten. Stimmt nun die Fraktion über ein politisches Streitthema ab, da werden in der Regel nicht wenige Abweichler „umgestimmt", sondern der Großteil der Fraktion folgt dem Urteil der Experten – und diese stellen die Minderheit dar. Diese Entwicklung bezeichnet man als „umgekehrte Fraktionsdisziplin".

3. Berufliche Zusammensetzung des Parlaments
Auffällig ist, dass die Berufsstruktur der Gesellschaft nicht im Bundestag widergespiegelt wird. Die Mehrheit der Abgeordneten gibt als Berufsgruppe „administrativ entscheidende Berufstätige, Abgeordnete" an. Diese Abgeordnete sind sozusagen Politiker von Beruf. Sie sind als Abgeordnete tätig bzw. arbeiten in den Ministerien und ähnlichen Einrichtungen. Viele Berufsgruppen sind im Parlament unterrepräsentiert: z.B. Fertigungsberufe und einfache Dienstleistungsberufe, aber auch Selbstständige.

4. Konsequenzen bei Nichtbeachtung des Fraktionszwangs
Abgeordnete können trotz ihres grundgesetzlich garantierten freien Mandats von ihrer Fraktion und Partei bei abweichendem Verhalten sanktioniert werden. Verfügt der Abgeordnete nicht über ein Direktmandat, so kann er auf einen aussichtlosen Listenplatz verbannt werden. Seine Wiederwahl ist dann meist ausgeschlossen, es sei denn, er erkämpft sich das Direktmandat. Dann geht er gestärkt aus der Auseinandersetzung hervor. Innerhalb der Fraktion können ihm aussichtsreiche Positionen verwehrt werden. So sinkt sein politischer Einfluss.

Seite 155

7.5 Wird der Bundestag durch die EU entmachtet?

Wie viele vom Bundestag verabschiedete Gesetze sind durch EU-Vorgaben initiiert worden? Welche Rolle spielt dabei der lang ersehnte Vertrag von Lissabon und wie sieht das neue Regierungssystem der EU nach Lissabon aus? Diese Fragen stehen in diesem Unterkapitel an vorderer Stelle. Da dieses Unterkapitel Grundlagenwissen voraussetzt, empfiehlt es sich, mit dem Zusatzmaterial zu den Aufgaben zu beginnen. Im Anschluss bietet es sich an, die einzelnen Bausteine vom Europäischen Regierungssystem (M 1) und die Veränderungen im Vergleich zum Vertrag von Nizza (M 2) herauszuarbeiten. Die Karikatur von M 3 bezieht sich auf die Eingangsfrage des Kapitels. Schließlich bieten M 4 und M 5 genug Diskussionspunkte, um sich kritisch mit dem Europäischen Entscheidungsprozess auseinanderzusetzen.

Seite 159

Zusatzmaterial zu 7.5:
Folie: Alternative Darstellung zum Aufbau der EU

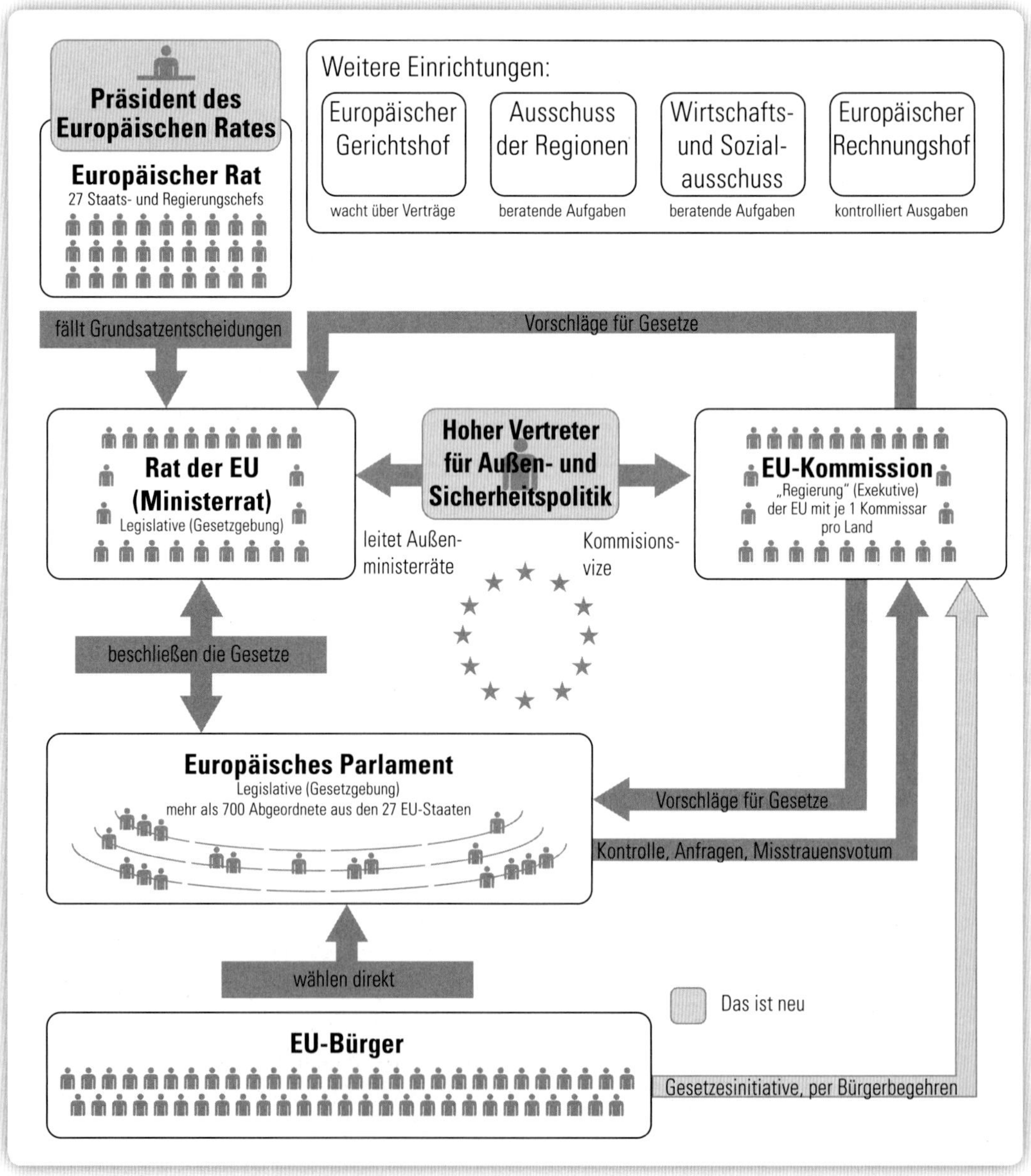

Globusgrafik 3291

Lösungsvorschlag zu den Aufgaben

Seite 159

✓

1. Funktionsweise des politischen Systems der Europäischen Union
Die „Legitimationskette" in der EU verläuft indirekt über die nationalen Parlamente/Regierungen und direkt über das Europäische Parlament. Die nationalen Regierungen werden teilweise direkt gewählt oder durch die Parlamente. So entsenden die Regierungen die Mitglieder in den Ministerrat (Fachminister) und in den Europäischen Rat (Regierungschefs). Die Abgeordneten des Europäischen Parlaments werden von der wahlberechtigten europäischen Bevölkerung in den einzelnen Mitgliedsländern direkt gewählt. Die Mitglieder der Europäischen Kommission sind schwächer legitimiert, da sie von den Regierungen lediglich nominiert werden. Die Kommission muss allerdings insgesamt vom EU-Parlament bestätigt werden.
Der Europäische Rat, in dem alle Mitgliedsstaaten vertreten sind, gibt mittelfristig die Leitlinien und Ziele für die Entwicklung der EU vor. Seit dem Inkrafttreten des Vertrages von Lissabon wird der Europäische Rat von dem auf zweieinhalb Jahre gewählten Präsidenten des Europäischen Rates (derzeit Herman Van Rompuy) geleitet. Die Mitglieder des Europäischen Rates wählen ihn mit qualifizierter Mehrheit. Außerdem leitet der Hohe Vertreter der EU für Außen- und Sicherheitspolitik (Catherine Ashton) den Außenministerrat und vertritt die EU nach außen.
Interessant ist, dass drei Institutionen beim Europäischen Gesetzgebungsprozess mitwirken. Allerdings hat nur die EU-Kommission – am besten vergleichbar mit den Regierungen auf nationaler Ebene und häufig als „Motor der EU" bezeichnet – ein Gesetzesinitiativrecht. Sie vertritt die Interessen der Union. Der Ministerrat (in dem überwiegend die nationalen Länderinteressen in Einklang gebracht werden müssen) und das EU-Parlament (als Vertretung der europäischen Bürgerinnen und Bürger) müssen der Vorlage zustimmen und haben das Recht, Änderungen zu verlangen oder den Gesetzgebungsakt scheitern zu lassen. Das EU-Parlament hat kein Gesetzesinitiativrecht, obwohl dies zu den klassischen Parlamentsrechten zählt.
Ist ein europäisches Gesetz beschlossen, so müssen die nationalen Parlamente und Verwaltungen das Gesetz ausführen und umsetzen. Europäische Verordnungen gelten unmittelbar. Richtlinien müssen von den Parlamenten in nationalen Gesetzen konkretisiert werden.

2. Beteiligungsrechte des Bundestages bei Rechtssetzungsverfahren durch die EU

EU-Recht

Europäische Verträge, vereinfachtes Vertragsänderungsverfahren im Vertrag von Lissabon (EU-Primärrecht)	Verordnungen, Richtlinien, Einzelentscheidungen (Sekundärrecht)
↕	↕
– Bundestag muss zustimmen bei Änderung der Verträge (Art. 23 I GG); Übertragung von Hoheitsrechten durch Gesetz – Bundestag muss zustimmen bei der Aufnahme von Beitrittsverhandlungen (§ 10 Gesetz über die Zusammenarbeit von Bundesregierung und Deutschem Bundestag in Angelegenheiten der Europäischen Union (EUZBBG))	– Bundesregierung muss Bundestag fortlaufend und frühzeitig über alle Vorhaben der EU informieren (Art. 23 II GG) – Möglichkeit zur Stellungnahme durch den Bundestag vor Festlegung der Verhandlungsposition der Bundesregierung (Art. 23 III GG) – Überprüfung der Gesetzgebung hinsichtlich der Einhaltung des Subsidiaritätsprinzips durch die nationalen Parlamente (Subsidiaritätsrüge zusammen mit anderen Parlamenten) – Klage vor dem Europäischen Gerichtshof wegen Verstoß gegen Subsidiaritätsprinzip (Art. 23 Ia GG)

3. Entparlamentisierung des politischen Systems der BRD?

These: Entmachtung des Bundestages durch EU-Integration	
Pro	**Kontra**
▪ zahlreiche Gesetzgebungszuständigkeiten wurden an die EU abgegeben (insbes. Euro, Agrarpolitik, Wirtschaftspolitik ▪ selbst bei Richtlinien nur geringer Gestaltungsspielraum für den Bundestag ▪ Bundestag kann kaum auf die Positionen der Regierung Einfluss nehmen, da in der Regel nur die nachträgliche Kontrolle einer Paketlösung bleibt ▪ jedoch: Abgeordnete der Regierungskoalition können informell Einfluss nehmen ▪ mangelnde Arbeitskapazität und enge zeitliche Vorgaben erlauben keine effektive Mitwirkung in Angelegenheiten der EU	▪ Abgeordnete nutzen bestehende Möglichkeiten zur Stellungnahme kaum ▪ Bundestag (Mehrheitsfraktionen) lässt Regierung zu sehr gewähren, anstatt Verhandlungspositionen im Voraus mitzubestimmen ▪ Scrutiny-Verfahren des britischen Parlaments als Vorbild ▪ Europaausschuss konkurriert mit den Fachausschüssen, woraus eine mangelnde Koordination der Europapolitik resultiert ▪ Vertrag von Lissabon stärkt die Mitwirkungsrechte des Bundestags (siehe Aufgabe 2)

8. Der Gesetzgebungsprozess

Seite 161

!

Die zentrale Aufgabe des Bundestages stellt die Gesetzgebung dar. Am Beispiel des Elterngeldes soll der Prozess der Gesetzgebung nachvollzogen werden. Dabei steht die Auffassung, dass Politik als Prozess der Problemlösung verstanden werden kann, im Mittelpunkt. Das entscheidende Problem stellt die Alterung der Gesellschaft dar. Das Modell, mit dessen Hilfe Schülerinnen und Schüler diesen Prozess verstehen können, ist der Politikzyklus, der auch als Planungsinstrument diesem Kapitel zugrunde liegt.
Neben dem Bundestag ist der Bundesrat ein weiterer zentraler Akteur der Gesetzgebung. Die Veränderungen, die wir momentan im Parteiensystem erleben, spiegeln sich auch in der Zusammensetzung des Bundesrates wider. Mehrheiten in einem durch heterogene Landesregierungen geprägten Bundesrat zu finden, wird immer schwieriger. Diese Entwicklung wird im Teilkapitel 8.2 „Der Bundesrat im Gesetzgebungsprozess" dargestellt.
Bundespräsident und Bundesverfassungsgericht wachen über die Verfassungsmäßigkeit staatlichen Handelns. Die Stellung des Bundespräsidenten ist gegenüber dem Bundesverfassungsgericht deutlich schwächer, dennoch verfügt er über Mittel und Wege, Einfluss auf die Politik zu nehmen. Die Auseinandersetzung mit der politischen Stellung des Verfassungsgerichts schließt das Kapitel ab. Dabei werden auch die Fragen erörtert, ob das Bundesverfassungsgericht zu viel Einfluss auf die nationale Gesetzgebung erlangt hat und ob dem Verfassungsgericht selbst seitens der europäischen Institutionen – hier der EuGH – eine politische Entmachtung droht.

Sachkompetenzen	▪ demografische Entwicklung darstellen. ▪ den Gang der Gesetzgebung kennen. ▪ Auswirkungen des Fünfparteiensystems auf die Gesetzgebung darlegen. ▪ die Stellung der Bundespräsidenten erläutern. ▪ die Entscheidung des Bundesverfassungsgerichts zum Luftsicherheitsgesetz erläutern.
Methodenkompetenzen	▪ Politikzyklus auf ein politisches Problem anwenden.
Urteilskompetenzen	▪ Das „Elterngeld" als Maßnahme zur Steigerung der Geburtenrate beurteilen. ▪ Eine mögliche Direktwahl des Bundespräsidenten bewerten. ▪ Entscheidung des Bundesverfassungsgerichts zum Luftsicherheitsgesetz beurteilen.

8.1 Wie entsteht ein Gesetz

Seite 163

!

Der Gesetzgebungsprozess in Deutschland wird von vielen Bürgerinnen und Bürgern als komplex und undurchsichtig beschrieben. Dass Bundestag, Bundesregierung, Bundesrat und Interessenverbände involviert sind, wissen die allermeisten. Doch welche Institution wann im Gesetzgebungsprozess welche Funktion auszufüllen hat oder wie ein Gesetz auf den Weg gebracht wird, ist in den Medien oft verzerrend und unübersichtlich dargestellt. Daher wird in diesem Kapitel der Gesetzgebungsprozess exemplarisch und problemorientiert behandelt. Im Zentrum steht dabei das Elterngeld. Angefangen beim Erkennen des Problems der Überalterung unserer Gesellschaft bis zum verabschiedeten „Elterngeldgesetz" lernen die Schülerinnen und Schüler den Weg eines Gesetzes kennen.

Seite 163

Lösungsvorschlag zu den Aufgaben

1. Demografische Entwicklung in Deutschland

Die Entwicklung der Bevölkerungsstruktur folgt einem Schema, das in den meisten entwickelten Staaten zu beobachten ist. Von einer relativ stabilen Bevölkerungszahl bei hoher Geburten- und Sterberate in einer Agrargesellschaft (19. Jahrhundert), über ein deutliches Wachstum durch Absinken der Sterberate bei gleichbleibender Geburtenrate in der industrialisierten Gesellschaft (Mitte 19. bis Mitte 20. Jahrhundert), hin zu einer relativ stabilen Bevölkerungszahl bei niedriger Geburten- und Sterberate (ab Mitte des 20. Jahrhunderts).

Glich der Altersaufbau zu Beginn des 20. Jahrhunderts noch einer Pyramide, so nimmt er heute eher eine Form des Pilzes oder eines Dönerspießes an. Tendenziell werden die Menschen immer älter und die Geburtenrate bleibt bei ca. 1,40 (Kinderzahl je Frau) relativ stabil.

2. Demografische Entwicklung und ihre Folgen

Die Probleme, die der demografische Wandel mit sich bringt, sind vielfältig:

Für die Gesellschaft	Für den Einzelnen
▪ Überalterung mit höheren Kosten für Gesundheit und Pflege ▪ Mangel an Arbeitskräften ▪ Geringere Produktivität ▪ Evtl. Probleme mit Zuwanderungen ▪ Finanzierungsschwierigkeiten im Bereich der sozialen Sicherungssysteme	▪ Vorsorgelücke bei der Alterssicherung, v.a. für die Bezieher kleiner Einkommen ▪ Hohe Beiträge zu den sozialen Sicherungssystemen bei geringeren Leistungen

3. Kann der Staat die Familienpolitik beeinflussen?

Es ist nahezu unmöglich nachzuweisen, ob eine einzelne politische Maßnahme Einfluss auf die Geburtenrate hat. Dazu ist das Problem viel zu komplex, da die Fertilität eines Landes auch von sozialen, wirtschaftlichen und kulturellen Faktoren beeinflusst wird.

Vergleiche lassen sich nur in kulturell ähnlichen Systemen ziehen: Der Bevölkerungsexperte Jan Hoem nennt als Beispiel Finnland und Schweden. Während Finnland Familien in ökonomisch schwierigen Situationen materiell unterstützte, erfolgte dies in Schweden nicht in diesem Maße. Die Fertilität fiel in Schweden, während sie in Finnland stabil blieb. Dies gilt als Indiz, dass staatliche Familienpolitik durchaus wirksam sein kann.

Seite 168

Lösungsvorschlag zu den Aufgaben

1. + 2.

Politikzyklus: Der Streit um das Elterngeld

Folgende Graphik kann sowohl als Tafelbild, was ihre Überschriften betrifft, als auch als Folie verwendet werden.

Problem

Die demografische Entwicklung in der Bundesrepublik ist problematisch. Die Menschen werden immer älter, während die Geburtenrate konstant auf niedrigem Niveau verharrt. Die Folgeprobleme sind vielfältig: Finanzierungsschwierigkeiten in den sozialen Sicherungssystemen, geringe Produktivität, mangelnde Arbeitskräfte ...

Auseinandersetzung
Öffentliche Debatte

Eine Frage, die immer wieder diskutiert wird, ist, ob finanzielle Probleme die Ursache für die geringe Geburtenrate sind. Politiker fordern, die Vereinbarkeit von Beruf und Familie zu erhöhen und Familien finanziell zu unterstützen.

Gesetzgebungsprozess

Der Gesetzgeber nimmt sich der Sache an und berät über das Elterngeld.

Entscheidung,
Beschlussfassung

Es wird beschlossen zusätzlich zum Kindergeld ein Elterngeld zu bezahlen, das 67% des Nettogehaltes des Elternteils, der nach der Geburt des Kindes zuhause bleibt, entspricht.

Bewertung der Entscheidung

Die Entscheidung des Bundestages wird unterschiedlich bewertet. Befürworter sehen darin einen ersten Schritt, junge Familien finanziell zu entlasten und die Vereinbarkeit von Beruf und Familie zu fördern. Kritiker sehen im Elterngeld vor allem eine Hofierung von Gut- und Besserverdienenden. Die Entscheidung sei sozial unausgewogen. Wichtiger sei ein flächendeckendes Angebot an Kindertagesstätten.

Problem gelöst?
Problem verändert?

Ob das Elterngeld die Fertilität in der Bundesrepublik Deutschland steigern kann, wird erst in ein paar Jahren deutlich werden. Ändert sich die Geburtenrate nicht, bleibt das Problem bestehen und der Politikzyklus beginnt von neuem.

3. Das Elterngeld – eine Erfolgsgeschichte?

Mehr Väter beantragen Elterngeld	Geburtenrate steigt, Probleme bleiben
Das Elterngeld motiviert v.a. junge Väter für den Nachwuchs eine Pause im Beruf zu machen. 10,5% der Anträge des Jahres 2007 wurden von Männern gestellt. Beim früheren Erziehungsgeld lag der Anteil der Väter lediglich bei rund 3,3%.	Die Zahl der Neugeborenen steigt zwar nicht an, aber die Frauen im geburtsfähigen Alter bekommen mehr Kinder. Die Zahl der Geburten sinkt zwar absolut, aber langsamer als die Zahl der Frauen im geburtsfähigen Alter. Eine Lösung des demografischen Problems stellt dies aber nicht dar.

Seite 173

!

8.2 Der Bundesrat im Gesetzgebungsprozess

Der Bundesrat übt im Vergleich zum Bundestag eine ebenfalls wichtige Rolle im Gesetzgebungsprozess aus. M 1 antizipiert die Funktionen und Einflussmöglichkeiten des Bundesrates. Besonders spannend wird es, wenn der Bundesrat über andere Mehrheiten verfügt als der Bundestag. Mit anderen Worten: Der Bundesrat kann die Regierungspolitik zum Teil blockieren. Beispiele dafür gibt es genügend. Es bietet sich an, in diesem Zusammenhang, die Entscheidung nach der NRW-Wahl 2010, eine Minderheitsregierung zu wagen, neu zu überdenken. Das Zusatzmaterial auf Seite 81 kann hierfür eine spannende Diskussion um die Rolle des Bundesrates entfachen. Vorher empfiehlt es sich jedoch, den Bundesrat und seine Bedeutung im System (M 2) sowie die Aufgabenverteilung zwischen Bund und Ländern (M 3) genauer abzugrenzen. Abschließend sollen die Schülerinnen und Schüler in der Lage sein, sich kritisch mit der Forderung von Christof Seils (Zeit online), den Bundesrat in seiner jetzigen Form abzuschaffen, auseinanderzusetzen.

Seite 174

✓

Lösungsvorschlag zu den Aufgaben

1. Funktionen des Bundesrates
Der Bundesrat ist die Institution, mittels derer die Bundesländer auf die Politik des Bundes Einfluss nehmen können. Neben der klassischen horizontalen Gewaltenteilung stellt der Bundesrat demnach ein Element der vertikalen Gewaltenteilung dar. Der Bundesrat soll als korrigierendes Element gegenüber dem Bundestag und der Bundesregierung agieren. Außerdem wirken die Bundesländer über den Bundesrat auch in Angelegenheiten der Europäischen Union mit. So wird sichergestellt, dass nicht in die Kompetenzen der Länder eingegriffen wird.

2. Auswirkungen eines Fünfparteiensystems auf das Gesetzgebungsverfahren
Die Entstehung des Fünfparteiensystems bringt eine nie dagewesene Vielfalt an unterschiedlichen Landesregierungen und Koalitionen mit sich: von der Großen Koalition, über die klassischen Bündnisse, hin zu Rot-Rot-Grün oder Jamaika-Koalitionen. Diese Koalitionen bzw. die von ihnen gebildeten Landesregierungen sind im Bundesrat vertreten. Für die Bundesregierung wird es demnach strukturell immer schwieriger, eine breite und zuverlässige Mehrheit im Bundesrat zu finden. Die Länderkammer droht zu einer „Blockadekammer" zu werden.

3. Forderung nach einer Direktwahl der Ländervertreter im Bundesrat
Eine Direktwahl der Repräsentanten des Bundesrates wäre vergleichbar mit der Wahl zum US-Senat. Dadurch würde der Bundesrat eine hohe demokratische Legitimation erhalten, Deutschland bekäme ein echtes Zweikammern-Parlament. Die Wahl könnte gleichzeitig in allen Bundesländern stattfinden. So kann dem Umstand begegnet werden, dass mittlerweile jede Landtagswahl zu einer kleinen Bundestagswahl hochstilisiert wird.

Zusatzmaterial zu 8.2: Rot-Grün in NRW krempelt den Bundesrat um

Seite 174

Es ist das Ende des Durchregierens: Mit der Entscheidung für eine Minderheitsregierung hat Rot-Grün in NRW die schwarz-gelbe Bundesratsmehrheit gekippt. Die Kanzlerin muss sich nun um die Grünen im Saarland und in Hamburg bemühen.

Die Mehrheitsverhältnisse im Bundesrat hatten in der Argumentation der NRW-SPD-Chefin Hannelore Kraft schon lange eine Rolle gespielt. Bisher hatte Kraft stets betont, eine Minderheitsregierung erst anzustreben, wenn Abstimmungen im Bundesrat dies nötig machen. Damit will Rot-Grün jetzt schwarz-gelbe Regierungsprojekte wie das Sparpaket oder eine Verlängerung der Laufzeiten von Atomkraftwerken blockieren. Denn jedes Land ist durch die Mitglieder seiner Landesregierung im Bundesrat vertreten. (...)

CDU, CSU und FDP hatten bislang noch 37 Stimmen im Bundesrat. Die Mehrheit liegt bei 35 Stimmen. Ohne die sechs NRW-Stimmen ist die Regierung von Angela Merkel (CDU) auf Kompromisse mit mindestens zwei Bundesländern angewiesen, um ihre Projekte durchzusetzen. Auch im Fall einer Großen Koalition wäre das wohl so gekommen. Denn bei Großen Koalitionen werden die Stimmen eines Landes in der Ländervertretung faktisch neutralisiert. Enthaltungen zählen im Bundesrat wie Ablehnungen. Jetzt macht eine rot-grüne-Regierung in NRW den SPD-Anteil deutlich stärker. (...)

Eine SPD-Mehrheit im Bundesrat bedeutet das aber noch lange nicht. Auch bei der jetzigen Regierungsbildung in NRW ist die SPD noch weit entfernt von einer eigenen Mehrheit. Interessanter als die SPD dürfte für Angela Merkel also – nicht nur wegen späterer bundespolitischer Bündnisoptionen – die Rolle der Grünen werden.

Die schwarz-gelbe Bundesregierung muss also jetzt versuchen, bei heiklen Länder-Abstimmungen die Grünen in Hamburg und im Saarland zu gewinnen. In beiden Ländern gibt es schwarz-grüne Bündnisse. Sie stellen zusammen sechs Stimmen und können somit für die Bundesregierung den Verlust von NRW kompensieren. Für Merkel, die einst vom „Durchregieren“ mit gleichgerichteten Mehrheiten in Bundestag und Bundesrat träumte, beginnt jetzt wohl eine neue Phase der politischen Undurchsichtigkeit.

Das bisherige Drohpotenzial der Liberalen im Bundesrat ist also geschrumpft. Nur Verfassungsänderungen gehen weiterhin nicht gegen die FDP. Die Zweidrittelmehrheit liegt im Bundesrat bei 46 Stimmen. Die „kontrolliert“ die FDP allemal.

http://www.heute.de/ZDFheute/inhalt/14/0,3672,8079982,00.html?dr=1, 04.08.2010.

Seite 176

8.3 Die Rolle des Bundespräsidenten

Der Rücktritt des Bundespräsidenten Horst Köhler vom 31.05.2010 hat in Deutschland für viele kontroverse Diskussionen um das höchste Staatsamt gesorgt. Allein die Tatsache des Rücktritts eines Bundespräsidenten war für Deutschland verfassungsrechtliches Neuland. Nicht wenige beschworen gar eine Verfassungskrise herauf. Sowohl die Problematik des Rücktritts als auch die Wahl bzw. den verfassungsrechtlich nicht vorgesehenen „Wahlkampf" um das Amt des neuen Bundespräsidenten eignen sich besonders, diesem Unterkapitel einen aktuellen Bezug zur Tagespolitik zu geben. Angefangen mit einer Übersicht aller Präsidenten der BRD über die Stellung des Präsidenten bis hin zu einer kontroversen Sichtweise bezüglich des Wahlverfahrens, lernen die Schülerinnen und Schülern, die Rolle des Bundespräsidenten zu verstehen.

Seite 176

Lösungsvorschlag zu den Aufgaben

1. Verfassungsrechtliche Stellung des Bundespräsidenten
Der Bundespräsident verfügt nach dem Grundgesetz über verschiedene Rechte: Er muss überprüfen, ob die verabschiedeten Bundesgesetze mit dem Grundgesetz übereinstimmen, er kann nach einer gescheiterten Vertrauensfrage auf Vorschlag des Bundeskanzlers das Parlament auflösen und er ernennt und entlässt auf Vorschlag des Bundeskanzlers die Bundesminister. Darüber hinaus vertritt er die BRD völkerrechtlich, kann durch Reden und Beiträge Einfluss auf die politische Debatte nehmen. Wie viel Einfluss der Bundespräsident tatsächlich hat, hängt sehr stark von seiner Persönlichkeit ab.

2. Möglichkeiten des Bundespräsidenten, politisch Einfluss zu nehmen
Der Bundespräsident kann zwar politische Entscheidungen nicht selbst fällen, er kann aber politische Tätigkeiten anregen und unterstützen. Er kann als Makler und Mahner verstanden werden, der Anregungen gibt, wie große Probleme gelöst werden können. Durch große Reden kann er politische Themen auf die Agenda bringen und so in der Öffentlichkeit Druck auf die Regierung und das Parlament aufbauen.

3. Kontroverse Diskussion um das Wahlverfahren des Bundespräsidenten
Im Streitgespräch werden zwei unterschiedliche Positionen deutlich:

Aspekt der Partizipation	Aspekt der Legitimation
Jörg van Essen argumentiert auf der Ebene der Bürgerbeteiligung. Er sagt, die Bürgerinnen und Bürger müssten stärker in die politischen Entscheidungen eingebunden werden. Die direkte Wahl des Bundespräsidenten stelle eine geeignete Möglichkeit dar, die Beteiligungsrechte auszudehnen.	Dieter Wiefelspütz stellt den Aspekt der Legitimation politischer Herrschaft in den Mittelpunkt seiner Argumentation. Er befürchtet, dass durch eine Direktwahl des Bundespräsidenten ein System konkurrierender Legitimationen zwischen dem Bundeskanzler, der vom Parlament gewählt wird, und dem dann direkt gewählten Bundespräsidenten entstehen könnte.

8.4 Das Bundesverfassungsgericht

Seite 181

!

Dieses etwas ausführlichere Unterkapitel fokussiert im Wesentlichen die Stellung und die Aufgaben des Bundesverfassungsgerichts. Anhand eines Fallbeispiels wird den Schülerinnen und Schülern deutlich gemacht, wann und wie das Bundesverfassungsgericht aktiv werden darf (M 1 – M 3). Es bietet sich an, dieses Urteil und das damit zusammenhängende Verfahren im Unterricht kontrovers diskutieren zu lassen. Im Anschluss daran werden in M 4 und M 5 die Stellung und die Aufgaben des Bundesverfassungsgerichts thematisiert und damit die Diskussionen von oben theoretisch untermauert. Auf der anderen Seite können M 4 und M 5 aber auch als theoretische Vorbereitung für die nachfolgenden kontroversen Materialien gesehen werden. Konkreter ausgedrückt: Droht eine „Verrechtlichung der Politik?“ (M 6) bzw. die „Europäisierung der Rechtsprechung“ (M 11). Letztere These bildet den Abschluss eines Fallbeispiels, das den Europäischen Gerichtshof in die deutsche Rechtsprechung einbezieht.

Lösungsvorschlag zu den Aufgaben

Seite 183

✓

1. Verfassungsrechtliche Stellung des Bundesverfassungsgerichts
   Das Bundesverfassungsgericht ist selbst Verfassungsorgan und gleichzeitig höchstes deutsches Gericht. Es kann auf Anfrage jeden Akt der gesetzgebenden Gewalt, der Regierung und Verwaltung und jede Entscheidung der Gerichte auf ihre Verfassungsmäßigkeit überprüfen. Das Gericht schützt v.a. die Grundrechte der Bürger, hat aber auch die Aufgabe das Grundgesetz rechtsverbindlich zu interpretieren.
2. Argumente für die Verfassungswidrigkeit des Luftsicherheitsgesetzes
   Das BVerfG hat entschieden, dass das Luftsicherheitsgesetz nicht mit der Verfassung zu vereinbaren ist. Es ist deshalb nichtig. §14 (3) sei mit dem Grundrecht auf Leben und der Menschenwürdegarantie nicht zu vereinbaren. Es geht dabei um die Würde der sich an Bord befindenden tatunbeteiligten Menschen, die dadurch, dass der Staat ihre Tötung als Mittel zur Rettung anderer einsetzt, nur als Objekte behandelt würden. Diese Entscheidung des Staates gewinnt an Brisanz, da sie in einem Augenblick zu treffen ist, in dem die tatsächliche Lage nicht immer voll überblickt werden kann.
   Auch die Annahme, die Passagiere würden mit dem Besteigen der Maschine mutmaßlich in den Abschuss einwilligen, sei unzulässig. Darüber hinaus sei die Einschätzung, die Menschen an Bord seien ohnehin dem Tod geweiht, nicht mit der Menschenwürdegarantie zu vereinbaren. Betrachtet man die Menschen an Bord bereits als Teil einer Waffe, dann spricht man ihnen das Menschsein ab.
3. Diskussion über das Urteil des Bundesverfassungsgerichtes
   Der Gesetzgeber hat versucht, mit dem Luftsicherheitsgesetz, auf terroristische Angriffe zu reagieren. Diese (Gesetzes-)Entscheidung kann auf unterschiedlichen Ebenen beurteilt werden:

Zweckrational	Wertrational
■ Ist die Entscheidung sinnvoll? ■ Trägt die Entscheidung zur Lösung des Problems dar?	■ Ist die Entscheidung „fair“? ■ Ist sie gerecht? ■ Sind die Folgen der Entscheidung für die Betroffenen zumutbar?

Seite 185

✓

Lösungsvorschlag zu den Aufgaben

1. Untersuchung von Klagebeispielen (Zur Lösung dieser Aufgabe bietet sich eine Internetrecherche an)

Das Gericht entscheidet bei Verfassungsbeschwerden, im Normenkontrollverfahren, bei einem Verfassungsstreit und bei Parteienverbotsanträgen. Wichtig ist, dass das Gericht nicht von selbst aktiv wird, sondern immer nur dann, wenn das Gericht angerufen wird.

- Verfassungsbeschwerde: Jeder, der sich durch die öffentliche Gewalt in seinen Grundrechten verletzt fühlt, kann eine Verfassungsbeschwerde einreichen. Eine solche Beschwerde ist in der Regel erst dann zulässig, wenn die sonst zuständigen Gerichte erfolglos angerufen wurden. In diesem Verfahren prüft das Verfassungsgericht nur die Einhaltung der Grundrechte. Sind Grundrechte nicht verletzt, so ist das Gericht an die Entscheidungen der anderen Gerichte gebunden.
- Normenkontrollverfahren: Nur das Bundesverfassungsgericht darf feststellen, ob ein Gesetz gegen die Normen des Grundgesetzes verstößt. Man unterscheidet die konkrete Normenkontrolle, d.h. ein Gericht hält ein Gesetz für verfassungswidrig und will es deshalb nicht anwenden und ruft das Verfassungsgericht an, und die abstrakte Normenkontrolle, d.h. eine Rechtsnorm wird, z.B. auf Antrag der Bundesregierung, auf ihre Verfassungsmäßigkeit hin überprüft.
- Verfassungsstreit: Kommt es zu einem Streit zwischen Verfassungsorganen, wer wofür zuständig ist, dann entscheidet das Bundesverfassungsgericht über diese Streitfrage.
- Parteienverbotsverfahren: Das Gericht prüft auf Antrag des Bundestages, der Bundesregierung und/oder des Bundesrates, die Frage, ob eine Partei verfassungsfeindlich ist. Ist eine Partei verfassungsfeindlich, kann sie verboten werden.

a) Klage der Linksfraktion: Verfassungsstreit/Organklage
Die gegen die Bundesregierung gerichtete Organklage der Bundestagsfraktion PDS/Die Linke, die die Beteiligung bewaffneter deutscher Streitkräfte an dem Einsatz einer „Internationalen Sicherheitsunterstützungstruppe" (ISAF) in Afghanistan betrifft, war erfolglos. Der Zweite Senat des Bundesverfassungsgerichts hat mit Urteil vom 3. Juli 2007 festgestellt, dass die Bundesregierung mit dem Beschluss zur Entsendung von Tornado-Aufklärungsflugzeugen nach Afghanistan keine Rechte des Deutschen Bundestags aus Art. 59 Abs. 2 Satz 1 GG in Verbindung mit Art. 24 Abs. 2 GG verletzt hat. Der NATO-geführte ISAF-Einsatz in Afghanistan diene der Sicherheit des euro-atlantischen Raums und überschreite daher nicht wesentliche Strukturentscheidungen des NATO-Vertrags. Zudem lägen keine Anhaltspunkte für eine strukturelle Abkopplung der NATO von ihrer friedenswahrenden Ausrichtung vor.
http://www.bundesverfassungsgericht.de/pressemitteilungen/bvg07-072.html, vom 03.07.2007.

b) Klage des Beamten: Verfassungsbeschwerde
Der Zweite Senat des Bundesverfassungsgerichts hat mit Urteil vom 6. März 2007 die Verfassungsbeschwerde eines Beamten, der die Gewährung einer „Ballungsraumzulage" zum Ausgleich der erhöhten Lebenshaltungskosten in München begehrt, zurückgewiesen. Weder das Alimentationsprinzip noch der Leistungsgrundsatz verpflichteten den Besoldungsgeber in der gegenwärtigen Lage, erhöhten Lebenshaltungskosten in München durch einen spezifischen Ausgleich Rechnung zu tragen.
http://www.bundesverfassungsgericht.de/pressemitteilungen/bvg07-025.html, vom 06.03.2007.

c) Durchsuchung bei CICERO: Verfassungsbeschwerde
Die Anordnung der Durchsuchung der Redaktionsräume von CICERO und die Beschlagnahme der dort aufgefundenen Beweismittel stellen einen verfassungsrechtlich nicht gerechtfertigten Eingriff in die Pressefreiheit des Beschwerdeführers dar. Die Gerichte haben dem verfassungsrechtlich gebotenen Informantenschutz nicht hinreichend Rechnung

getragen. Die bloße Veröffentlichung eines Dienstgeheimnisses in der Presse durch einen Journalisten reicht nicht aus, um einen zu einer Durchsuchung und Beschlagnahme ermächtigenden Verdacht der Beihilfe des Journalisten zum Geheimnisverrat zu begründen. Erforderlich sind vielmehr spezifische tatsächliche Anhaltspunkte für das Vorliegen einer von einem Geheimnisträger bezweckten Veröffentlichung des Geheimnisses und damit einer beihilfefähigen Haupttat. Solche Anhaltspunkte lagen im Fall der Durchsuchung der Redaktionsräume des Politmagazins CICERO nicht vor. Dies entschied der Erste Senat des Bundesverfassungsgerichts mit Urteil vom 27. Februar 2007. Damit war die Verfassungsbeschwerde des Chefredakteurs von CICERO erfolgreich.

http://www.bundesverfassungsgericht.de/pressemitteilungen/bvg07-021.html, vom 27.02.2007.

d) Klage der Abgeordneten: Verfassungsstreit/Organklage
Der Zweite Senat des Bundesverfassungsgerichts hat mit Urteil vom 4. Juli 2007 die Anträge von neun Bundestagsabgeordneten zurückgewiesen. Diese hatten sich im Wege der Organklage gegen § 44a Abs. 1 Abgeordnetengesetz, wonach die Ausübung des Mandats im Mittelpunkt der Tätigkeit eines Mitglieds des Deutschen Bundestages steht, sowie gegen die Verpflichtung zur Offenlegung ihrer Nebeneinkünfte gewandt (vgl. Pressemitteilung Nr. 82/2006 vom 21. September 2006).
Die Anträge sind, soweit sie die Mittelpunktregelung zum Gegenstand haben, nach im Ergebnis übereinstimmender Ansicht des Senats unbegründet.
Soweit sich die Abgeordneten gegen Anzeigepflichten und die Veröffentlichung von Angaben über Tätigkeiten neben dem Mandat sowie gegen die Sanktionierung von Verstößen wenden, sind die Anträge nach Auffassung der Richterinnen und Richter Broß, Osterloh, Lübbe-Wolff und Gerhardt unbegründet. Nach Auffassung der Richter Hassemer, Di Fabio, Mellinghoff und Landau müssten die Anträge Erfolg haben. Da bei Stimmengleichheit ein Verstoß gegen das Grundgesetz nicht festgestellt werden kann (§ 15 Abs. 4 Satz 3 BVerfGG), hatten die Anträge keinen Erfolg.

http://www.bundesverfassungsgericht.de/pressemitteilungen/bvg07-073.html, vom 4.07.2007.

2. Droht eine Verrechtlichung der Politik?
Nach Ansicht von Kritikern dehnt das Gericht seinen politischen Einfluss zu weit in die Sphäre der anderen Verfassungsorgane aus. Zum einen wird dabei der parlamentarischen Opposition der Vorwurf gemacht, ihren parlamentarisch unterlegenen Auffassungen über den Gang nach Karlsruhe doch noch zum Siege verhelfen zu wollen. Zum anderen wird kritisiert, dass die weitgehenden Entscheidungen des Gerichts den Gestaltungsspielraum der Politik gefährlich klein werden lassen. Das Gericht würde sich so zum „Ersatzgesetzgeber" entwickeln. Kritiker des Gerichts sprechen deswegen bereits von einer „Karlsruher Republik".

Seite 188

Lösungsvorschlag zu den Aufgaben

1. Rechtsgrundlage des EuGHs in der Sache Tanja Kreil
   Der EuGH hat entschieden, dass das grundsätzliche Verbot, dass Frauen keinen Dienst an der Waffe leisten dürfen, gegen die EU-Richtlinie zur beruflichen Gleichstellung von Mann und Frau verstößt. Nur wenn das Geschlecht eine unabdingbare Voraussetzung für den Zugang zu speziellen Kampfeinheiten darstelle, seien Ausnahmen bei der Gleichstellung möglich. Eine generelles Verbot sei nicht mit dem Gleichstellungsgedanken vereinbar.

Seite 188

Zusatzmaterial zu M 7 – M 10: Rechtsgrundlagen der Entscheidung des EuGHs

RICHTLINIE DES RATES vom 9. Februar 1976 zur Verwirklichung des Grundsatzes der Gleichbehandlung von Männern und Frauen hinsichtlich des Zugangs zur Beschäftigung, zur Berufsbildung und zum beruflichen Aufstieg sowie in bezug auf die Arbeitsbedingungen (76/207/EWG)

(1) Der Grundsatz der Gleichbehandlung im Sinne der nachstehenden Bestimmungen beinhaltet, daß keine unmittelbare oder mittelbare Diskriminierung auf Grund des Geschlechts – insbesondere unter Bezugnahme auf den Ehe- oder Familienstand – erfolgen darf.
(2) Diese Richtlinie steht nicht der Befugnis der Mitgliedstaaten entgegen, solche beruflichen Tätigkeiten und gegebenenfalls die dazu jeweils erforderliche Ausbildung, für die das Geschlecht auf Grund ihrer Art oder der Bedingungen ihrer Ausübung eine unabdingbare Voraussetzung darstellt, von ihrem Anwendungsbereich auszuschließen
(3) Diese Richtlinie steht nicht den Vorschriften zum Schutz der Frau, insbesondere bei Schwangerschaft und Mutterschaft, entgegen

2. Persönliche Stellungnahme zur Entscheidung des EuGHs
   Allgemeine Stellungnahmen könnten durch eine Pro- und Kontra-Diskussion erweitert werden.
3. Alte und neue Fassung des Art. 12a GG (M 10)
   Der Gesetzgeber hat Art. 12a GG dahingehend geändert, dass er den Zugang zur Bundeswehr für Frauen ermöglicht, aber nicht verpflichtend regelt. In der neuen Fassung lautet der entscheidende Passus: „Frauen dürfen auf keinen Fall zum Dienst mit der Waffe verpflichtet werden."

Zusatzmaterial zu M 10: Art. 12a GG

Seite 188

Urteil des EuGHs

(1) Männer können vom vollendeten achtzehnten Lebensjahr an zum Dienst in den Streitkräften, im Bundesgrenzschutz oder in einem Zivilschutzverband verpflichtet werden.

(4) Kann im Verteidigungsfalle der Bedarf an zivilen Dienstleistungen im zivilen Sanitäts- und Heilwesen sowie in der ortsfesten militärischen Lazarettorganisation nicht auf freiwilliger Grundlage gedeckt werden, so können Frauen vom vollendeten achtzehnten bis zum vollendeten fünfundfünfzigsten Lebensjahr durch Gesetz oder auf Grund eines Gesetzes zu derartigen Dienstleistungen herangezogen werden. Sie dürfen auf keinen Fall Dienst mit der Waffe leisten.

Urteil des Europäischen Gerichtshofes (11.1.2000 in der Rechtssache C285/98)
Der Gerichtshof (hat) auf die ihm vom Verwaltungsgericht Hannover ... vorgelegte Frage für Recht erkannt:
Die Richtlinie 76/207/EWG des Rates vom 9. Februar 1976 zur Verwirklichung des Grundsatzes der Gleichbehandlung von Männern und Frauen hinsichtlich des Zugangs zur Beschäftigung, zur Berufsausbildung und zum beruflichen Aufstieg sowie in Bezug auf die Arbeitsbedingungen steht der Anwendung nationaler Bestimmungen entgegen, die wie die des deutschen Rechts Frauen allgemein vom Dienst mit der Waffe ausschließen und ihnen nur den Zugang zum Sanitäts und Militärmusikdienst erlauben.

4. Einfluss des EugHs auf das Grundgesetz
Der Integrationsprozess innerhalb der EU führt zu einer Stärkung europäischer Institutionen. Auf der einen Seite verlieren nationale Institutionen an Macht – hier das Bundesverfassungsgericht – auf der anderen Seite führt die Stärkung europäischer Institutionen zu einer Grundrechtsgarantie in allen EU-Ländern. Schlussendlich kann man diese Frage nur beurteilen, wenn man zum Integrationsprozess Stellung nimmt. Eine mögliche Argumentationsweise wäre: Solange die europäischen Institutionen die Grundrechte der Menschen auch in Deutschland stärken, kann dies nur im Sinne des Grundgesetzes sein.

5. Europäisierung der deutschen Verfassungsgerichtsbarkeit
Auch das Bundesverfassungsgericht ist dem Prozess der „Europäisierung" unterworfen, d.h. die Bedeutung europäischer Institutionen gegenüber den nationalen Institutionen wächst beständig. Das BVerfG steht unter dem Vorrang des Europäischen Gerichtshofes, denn nach den EU-Verträgen bricht europäisches Recht jedes nationale Recht. Dieser schleichende Prozess führt dazu, dass sich die Aufgabe des BVerfG auf die Wahrung des Grundgesetzes reduziert, soweit es nicht dem europäischen Recht entgegensteht.

Seite 188

Zusatzmaterial zu M 11: Das Bundesverfassungsgericht

Das Bundesverfassungsgericht

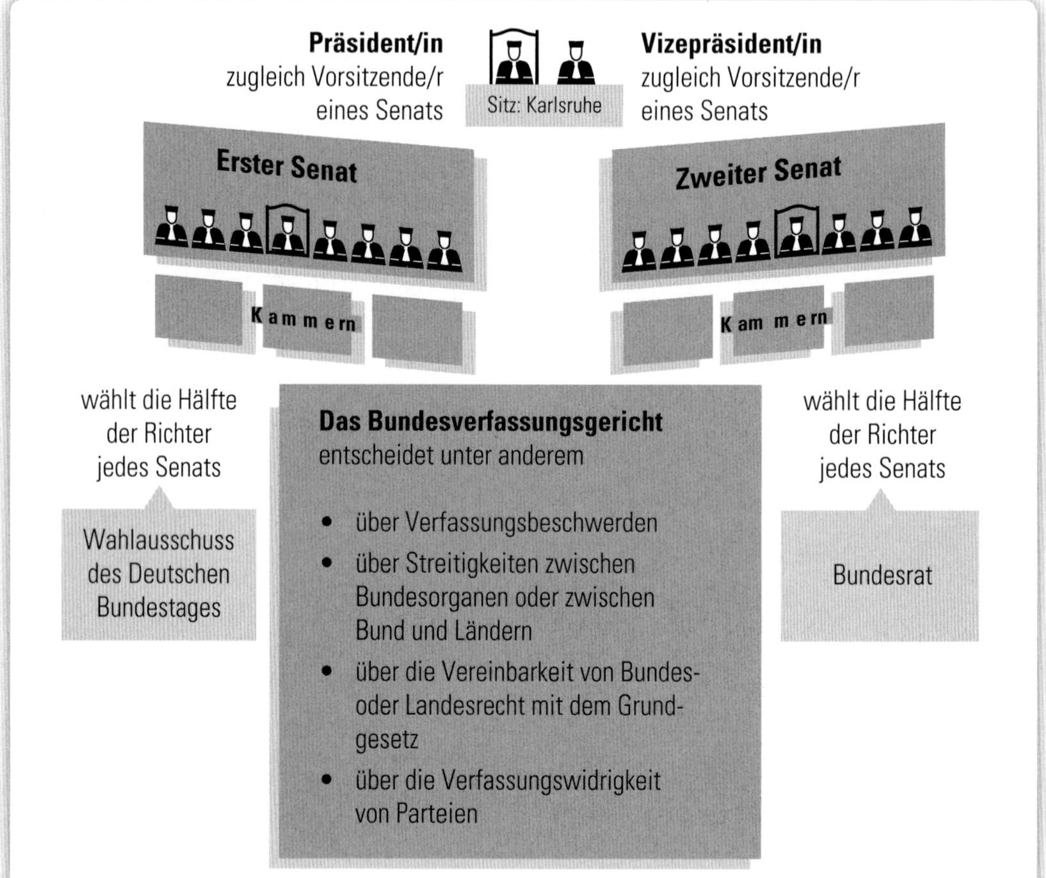

© Bergmoser + Höller Verlag AG, Zahlenbilder 129 015

9. Demokratie der Zukunft – Zukunft der Demokratie

Seite 191

!

Dieses Kapitel ist als Ausblickskapitel konzipiert. Es werden deshalb bewusst schlaglichtartig einige ausgewählte Probleme des politischen Systems der Bundesrepublik Deutschland beleuchtet. Diese können als Denkanstoß und Ausgangspunkt für eine tiefergehende Beschäftigung dienen.
Am fruchtbarsten für den Unterricht dürfte dabei einerseits die Beschäftigung mit den konkreten Reformvorschlägen zum politischen System der Bundesrepublik Deutschland sein (M 2), andererseits die grundlegende, von Ottfried Höffe gestellte Frage, inwiefern Demokratien überhaupt fähig sind, mit Zukunftsproblemen umzugehen (M 5).

Folgende Kompetenzen sollen in Kapitel 9 vermittelt werden:

Sachkompetenzen	▪ grundlegendes Wissen über die Funktionsweise des politischen Systems anwenden und verknüpfen ▪ ausgewählte Probleme und Reformansätze des politischen Systems der Bundesrepublik Deutschland kennen
Methodenkompetenzen	▪ Grundaussagen theoretischer Texte erfassen ▪ einen Essay zu einer vorgegebenen Problemstellung verfassen
Urteilskompetenzen	▪ die Reformbedürftigkeit des politischen Systems beurteilen ▪ ausgewählte Reformansätze hinsichtlich politikwissenschaftlicher Kriterien (Legitimität, Transparenz, Effizienz) beurteilen

Seite 198

Lösungsvorschlag zu den Aufgaben

1. Reformansätze und deren Wirksamkeit

Reformansätze	Wirksamkeit (mögliche Bewertung)
Wahlrecht: Einführung des Mehrheitswahlrechts	■ Einführung des Mehrheitswahlrechts führt zwar tendenziell, jedoch nicht automatisch zu Alleinregierungen (vgl. Wahl in Großbritannien 2010) ■ mehrheitsbildende Effekte gehen zu Lasten der Gerechtigkeit ■ Stärkung der Abgeordneten durch Wahlkreisbindung führt voraussichtlich zu einer Aufweichung der Fraktionsdisziplin.
Reform des Föderalismus: Veränderung der Abstimmungsregel im Bundesrat	■ Änderung der Abstimmungsregel wäre eine einfache Möglichkeit, um die Blockadesituationen im Bundesrat zu verringern. ■ Darüber hinaus gibt es auch Vorschläge, die Vertreter im Bundesrat direkt durch die Bevölkerung wählen zu lassen (vgl. S. 174 Schülerbuch).
Stärkere Einbindung der Bürger in politische Prozesse durch Gesetzesinitiativrecht	■ Ob die Stärkung direktdemokratischer Elemente zu einer Belebung der Demokratie führt, ist stark umstritten (vgl. S. 10 und S. 12 Schülerbuch), ■ auch ist unklar, wie ein Gesetzesinitiativrecht der Bürger konkret ausgestaltet werden sollte (Quoren?, Inhalte?, Einfluss des Parlaments?).
Politiker: ■ Verkleinerung des Bundestages, ■ Selbstauflösungsrecht des Parlaments, ■ verändertes Auswahlverfahren, ■ Begrenzung der Amtszeit des Bundeskanzlers	■ Es ist nicht zwingend, dass eine Verkleinerung des Bundestages zu einer besseren Politik führen würde, aus der Perspektive notwendiger Sparmaßnahmen zur Sanierung der öffentlichen Haushalte wäre es aber sicher ein gutes Zeichen. ■ Ein Selbstauflösungsrecht des Bundestages könnte verhindern, dass bei unklaren Mehrheitsverhältnissen verfassungsrechtliche Instrumente „missbraucht" und so das Ansehen der Verfassung/Politik beschädigt wird. ■ Veränderte Auswahlverfahren des politischen Personals jenseits der „Ochsentour" würde politische Parteien insgesamt attraktiver und das Personal wohl tendenziell besser machen. ■ Die Begrenzung der Amtszeit des Bundeskanzlers auf zwei Wahlperioden steht schon lange auf der Tagesordnung und ist in anderen Demokratien selbstverständlich. Es könnte dazu beitragen, den Zeithorizont von Demokratien zu verlängern. Andererseits könnte der Kanzler auch dann jene Vorhaben wohl kaum durchsetzen, die die Wahlaussichten seiner Partei entscheidend schmälern würden.

2. Demokratisierung internationaler Institutionen
Die Globalisierung hat zu einem Verlust der Regelungskompetenzen der Nationalstaaten geführt. Immer mehr grenzüberschreitende Probleme lassen sich nur noch auf globaler Ebene regulieren, ohne dass die Bürgerinnen und Bürger ein Mitspracherecht dabei hätten. So wird die Kluft zwischen Regierenden und Regierten immer größer. In internationalen Organisationen entscheiden fast ausschließlich die Vertreter der Exekutive (Ausnahme EU). Den nationalen Parlamenten bleibt nichts anderes übrig, als die in oftmals langwierigen Aushandlungsprozessen getroffenen Entscheidungen zu akzeptieren, ohne ein echtes Kontroll- oder Mitspracherecht.
Vorschläge zur Demokratisierung internationaler Organisationen:
- formale Beteiligung von Vertretern der Bürgerinnen und Bürger der einzelnen Nationalstaaten und/oder von Nichtregierungsorganisationen an der Entscheidungsfindung in internationalen Organisationen
- Einrichtung quasi-parlamentarischer Gremien mit Vertretern der nationalen Parlamente in internationalen Organisationen
- stärkere Beteiligung der nationalen Parlamente an der Entscheidungsfindung und Kontrolle der Entscheidungen

3. Beispiele zum Bürgerengagement
Hildegard Hamm-Brücher (* 11. Mai 1921 in Essen) ist eine deutsche Politikerin (ehemals FDP). Sie war von 1976 bis 1982 Staatsministerin im Auswärtigen Amt und kandidierte 1994 für das Amt des Bundespräsidenten. Bekannt geworden ist sie als engagierte, unabhängige Politikerin wegen ihrer öffentlichen Auftritte zur Verwirklichung von Demokratie und Menschenrechten in der Bundesrepublik Deutschland.
In ihrem Essay aus der „Zeit" fordert sie eine Abkehr von der „Zuschauer-Demokratie" und eine Festigung des demokratischen Gemeinwesens durch den aktiven Bürger, dessen Engagement sehr vielfältig sein kann, in der Summe aber zu einer Belebung der Demokratie führen soll.

- Engagement in Nichtregierungsorganisationen (z.B. Greenpeace, ...)
- ehrenamtliches Engagement (Tafeln, ...)
- Finanzierung bürgerschaftlichen Engagements durch eine Ausweitung des Stiftungswesens
- Stärkung direktdemokratischer Elemente auf kommunaler Ebene

Beispiele für bürgerschaftliches Engagement lassen sich in vielen Städten und Gemeinden finden. Dies können Bürgerinitiativen, Stiftungen, aber auch Spendenaktionen an Schulen etc. sein. Nützliche Informationen auf: *www.buergesellschaft.de*, *www.ehrenamtsportal.de* (mit weiteren Linklisten).

4. Zukunftsfähigkeit von Demokratien:
Bei der Erarbeitung eines Essays sind einige Regeln zu beachten (siehe Zusatzmaterial). Als Ausgangspunkt der Erörterung sollte die Darstellung von Ottfried Höffe dienen, doch sollten eigenes Wissen und eigene Meinungen im Essay nicht zu kurz kommen. Interessant im Hinblick auf die Frage nach der Zukunftsfähigkeit der Demokratie sind sicher auch die anderen in diesem Kapitel erwähnten Aspekte (Probleme der demokratischen Institutionen, Einfluss der Interessenverbände, Globalisierungsfalle, mangelndes Engagement der Bürgerinnen und Bürger), aber auch die Erkenntnisse der ökonomischen Theorie der Demokratie (vgl. S. 20 Schülerband).

Seite 198

Zusatzmaterial zu M 1 – M 5: Über die Zukunft der repräsentativen Demokratie

Demokratie und die Herausforderungen der Zukunft

Dass Demokratien bei der Lösung von gesellschaftspolitisch relevanten Problemen versagen und in der Konsequenz sogar untergehen können, ist historisch vielfach belegt. Der Militärputsch von General Pervez Musharraf in Pakistan, der eine völlig marode, korrupte, aber demokratisch gewählte Regierung ablöste, ist nur eines der jüngeren Beispiele. Letztlich gilt hier die Einsicht, dass kein politischer Systemtyp auf Dauer per se stabil ist. Droht also die Gefahr, dass auch etablierte Demokratien versagen können, wenn sie sich als unfähig erweisen, auf neue Herausforderungen flexibel zu reagieren? Und was genau charakterisiert dann eine solche nicht mehr nur akzeptanz-, sondern jetzt verstärkt effizienzorientierte Problemlösungskapazität demokratischer Systeme? [...] Unabhängig von tagtäglichen Entscheidungsvorgaben, die jedes demokratische System bewältigen muss, sind es für die künftige Entwicklung von Demokratien im Wesentlichen vier Problemkreise, denen besondere Aufmerksamkeit gewidmet werden sollte.

Demokratische Selbstüberforderung

Eine der größten Herausforderungen für repräsentative Demokratien dürfte aus wachsenden Phänomenen demokratischer Selbstüberforderung entstehen: Schuldzuweisungen an die Fehlleistungen von Politikern – ohne hier im Einzelfall beschönigen zu wollen – sind häufig vorschnell und vor allem zu einfach. Zu den zentralen Entwicklungsmustern gerade demokratischer Systeme gehört jedoch der Trend, die Erwartung an die Regelungskapazität von Politik kontinuierlich zu steigern. Die Aufgaben des Staates und die Erwartungen der Bürger nehmen ständig zu – aber die Problemlösungsfähigkeit des demokratischen Staates hat sich nicht nennenswert geändert. Wen wundert es also, dass sich die Schere zwischen Ansprüchen an und Leistung von demokratischer Politik ständig weiter öffnet und der Unmut enttäuschter Bürger wächst? [...] In wachsendem Maße werden Demokratien zudem vor das Problem gestellt, auf parlamentarischem Wege nicht schnell genug entscheiden zu können, um mit dem rasanten Entwicklungstempo neuer Technologien Schritt zu halten (...). So finden Debatten über gentechnologische Gesetzgebung im Deutschen Bundestag üblicherweise auf einem Stand der Gentechnik statt, der mehrere Jahre vor der Parlamentsdebatte gültig war. Die entstehenden Regelungen sind daher zwangsläufig schon veraltet, wenn sie vom Parlament verabschiedet werden. Die Forschung arbeitet indessen weiterhin im Freiraum ungeregelter Normen und Kompetenzen. Zusätzlich bedrohen strukturkonservative Entscheidungsblockaden die Handlungsfähigkeit demokratischer Systeme. Wenn notwendige Reformen im Unterholz besitzstandswahrender Lobbygruppen stecken bleiben, werden auch Demokratien auf Dauer nicht in der Lage sein, Zukunftsprobleme zu lösen.

Eigenverantwortung und Staat

Zur wesentlichen Herausforderung künftiger Politik in demokratischen Systemen wird das Spannungsverhältnis zwischen Eigenverantwortung und Staat, anders formuliert zwischen individueller Freiheit, Anspruchsdenken und der Entzauberung der Politik werden. Individuelle Freiheit ist für [...] uns längst zur selbstverständlichen Rahmenbedingung unseres Daseins geworden. Dabei scheinen wir eines zu vergessen: Die Erlangung individueller Freiheit ist gleichbedeutend mit der ersehnten Loslösung normativer Fesseln, welche wiederum nur zum Preis des Verlustes von Sicherheit und der Übernahme von Verantwortung für das eigene Tun zu haben ist. So einfach ist das: Wer frei ist oder es sein will, ist auch verantwortlich für das, was er tut. Doch genau hier setzt der Verdrängungsmechanismus ein: Statt sich der eigenen Verantwortung zu stellen, tendiert das moderne Individuum dazu, zwar die Vorzüge der Freiheit in vollen Zügen zu genießen, die Kehrseite aber, die Verantwortung, abzuschieben auf ein Kollektiv, das wir üblicherweise Staat nennen. [...]

Medien und Demokratie

Der dritte Gesichtspunkt unterstreicht diesen Wahrnehmungseffekt mit Nachdruck: Es geht um die Rolle von Medien und unkontrollierbaren neuen Entscheidungszentren, die mit den demokratisch legitimierten Institutionen in Konkurrenz treten. (...)
Das Überangebot an moderner Unterhaltung hat durchaus das Potenzial, aus freien Bürgern abhängige Junkies der Entertainmentindustrie zu machen. Mediale Massenverdummung bietet gelangweilten Wohlstandskindern ein Maximum an Fluchtmöglichkeiten mit einem Minimum an Aufwand – die elektronische Variante von „panem et circenses"*. Statt Probleme zu lösen, fliehen wir in Scheinwelten. [...]

Sicherheit

Viertens schließlich werden demokratische Repräsentativsysteme herausgefordert durch steigende Erwartungen ihrer Bürger an Sicherheit. Es ist eine Binsenweisheit, dass der Mensch nach Sicherheit strebt. Längst aber steht er nicht mehr vor dem Problem, natürliche Unsicherheiten zu reduzieren, sondern er muss heute umgehen mit den Bedrohungen, die er durch menschliches Zusammenleben selbst geschaffen hat – also mit zivilisatorisch erzeugten Gefahren. (...) Dieses Streben nach umfassender Sicherheit verändert Politik. Politisches Handeln wird gemessen an der Fähigkeit, Unsicherheiten zu beseitigen. Die Verantwortung für Sicherheit wird in wachsendem Maße vom Individuum auf die Politik verlagert und sie droht, Politik, gerade auch demokratische Politik, nachhaltig zu überfordern. [...] Die Zukunft der Demokratie ist also weder so rosig, wie sie Theoretiker ersinnen, noch so düster, wie Skeptiker sie ausmalen. Das Überleben der repräsentativen Demokratie verlangt als dauerhaftes Projekt die stetige flexible Anpassung an äußere und vor allem innere Herausforderungen. Im Wandel, nicht in der Stabilität liegen die eigentlichen Chancen der Zukunft.

**panem et circenses, lat: Brot und Spiele*

Eberhard Sandschneider: Tod durch Überforderung? Über die Zukunft der repräsentativen Demokratie, in: Internationale Politik Nr. 8/2003, S. 4-9.

Seite 198

+

Zusatzmaterial zu M 5: Methode: Einen Essay verfassen

Ein Essay ist eine Abhandlung, die eine literarische oder wissenschaftliche Frage in knapper und anspruchsvoller Form behandelt. Ausgangspunkt für einen kritischen Essay ist in der Regel ein Problem, eine strittige Frage oder eine These, die in dem Essay dann bewusst subjektiv diskutiert werden soll.

Das Schreiben von Essays soll die kritische Beurteilung und das Abwägen wissenschaftlicher Positionen fördern. Dabei wird kein Anspruch auf vollständige Darstellung in allen Details erhoben, wichtiger ist die Betrachtung des Gegenstandes in einem größeren Gesamtzusammenhang. Der Verfasser eines Essays sollte wissenschaftliche Erkenntnisse zusammen mit eigenen persönlichen Beobachtungen und Eindrücken zu einer überzeugenden Argumentation zusammenführen. Die Entwicklung eigener Überlegungen oder Positionen, die über das reine Wiedergeben der verwendeten Texte hinausreicht, soll das Ziel eines Essays sein.

Aufbau des Essays

Der Essay sollte eine durch Absätze kenntlich gemachte Gliederung haben, die aus Einleitung, Hauptteil und Schluss besteht. In der Einleitung wird die strittige These oder Problemstellung erläutert und die Relevanz der Fragestellung verdeutlicht.
Schließlich erfolgt die Ankündigung der eigenen Position, also der These, die im Hauptteil behandelt wird.
Anschließend beginnt im Hauptteil die Argumentation. Im Vordergrund steht die plausible Erläuterung der eigenen Position, die mit (fremden und eigenen) theoretischen Argumenten und praktischen/empirischen Beispielen unterfüttert werden sollte.
Der Schlussteil sollte die zentrale Argumentation noch einmal kurz zusammenfassen und ein Fazit ziehen. Nicht alle Argumente werden dabei wiederholt, sondern zusammen verdichtet auf den Punkt gebracht. Der Schluss soll eigene Wertungen enthalten, kann aber auch auf neue Fragen, die sich aus der Behandlung des Themas ergeben, aufmerksam machen.

Vorgehen beim Schreiben eines Essays

Organisieren Sie Ihren Essay am besten um die zentralen Argumente, die für oder gegen die in Frage stehende These sprechen. Zur Stützung von Argumenten können Sie auf unterschiedliche Materialien wissenschaftlicher oder außerwissenschaftlicher Herkunft zurückgreifen:

- Statistiken, Daten, Fakten
- wissenschaftliche Positionen (Theorien, Meinungen)
- Autoritäten Ihres Fachs oder der Wissenschaft allgemein
- eigene Ansichten und Lösungsvorstellungen zu dem Problem
- soziale, wissenschaftsethische oder allgemein menschliche Wertvorstellungen

Als Quellen können dabei jegliches Dokument und jedes Medium herangezogen werden: wissenschaftliche Texte, Zeitungsartikel, Filme, Literatur, Fernsehsendungen etc. Beziehen Sie persönlich Position, stellen Sie dabei deutlich Ihre eigene Meinung dar. Als Motivation sollten Sie sich immer vor Augen halten, dass der/die LeserIn durch die Lektüre Ihres Essays einen Denkanstoß erhalten möchte und den von Ihnen diskutierten Sachverhalt nach der Lektüre in einem anderen Licht betrachten wird.

Formale Anforderungen

Innerhalb eines Essays sind keine Quellenverweise im Text und kein wissenschaftliches Belegen notwendig. Wenn zitiert oder auf Gedanken anderer AutorInnen zurückgegriffen wird, sollte aber dennoch klar werden, wessen Überlegungen verwendet wurden. Die Urheberschaft wird dabei einfach als Aussage im Text platziert, wie z.B.: „Höffe geht davon aus, dass , ...'". Als Faustregel gilt: Eigener und fremder Text bzw. Gedanken müssen immer klar unterscheidbar sein.

Fußnoten sollten vermieden werden. Aussagen, Erklärungen oder Details, die nicht in den Essay integriert werden können, sind meist für die Argumentationslinie nicht notwenig und daher verzichtbar.

Aus: www.polwiss.fu-berlin.de/people/haas/docs/Essay.pdf.